Anonymous

Urkunden zur Bewährung der Landesfürstlichen Hoheit

Anonymous

Urkunden zur Bewährung der Landesfürstlichen Hoheit

ISBN/EAN: 9783743643277

Hergestellt in Europa, USA, Kanada, Australien, Japan

Cover: Foto ©ninafisch / pixelio.de

Weitere Bücher finden Sie auf **www.hansebooks.com**

Beylage LXXXVII.
Auszug aus dem Notariatsinstrument über die zu Schwarzach eingenommene Landeshuldigung.

(Jahr 1765.)

Actum Schwarzach den 9. Febr. 1765.

Nachdeme die Huldigung zu Stollhofen vollbracht war, fande sich Herr *Anselm,* Abbt des Gottesshauses Schwarzach, mit Herrn *Pater Amandus* Trenz, Großkeller dieses Gottesshauses daselbsten ein, und statteten denen Fürstl. Herren Huldigungs-Commissarien einen Besuch ab, wobey ersterer zu erkennen gab, wie er die Landeshuldigung zu Schwarzach nicht hindern, zu gleicher Zeit aber bitten wolle, die bisher verschobene Abbtshuldigung vor sich gehen zu lassen, wornächst er die Hochfürstl. Herren Commissarien auf Schwarzach in sein Gottesshauß höflichst einlude.

Allermaßen nun die Herren Commissarii bey der Vornahme der Abbtshuldigung keinen Anstand gefunden; als verfügten sich dieselbe in Begleitung des Herrn Abbten und Herrn Pater Großkeller, annoch gestern Abends anhero in das Gottesshauß, und hatten daselbst zu vernehmen, wie auf die von Seiten der Fürstl. Badischen Regierung sowohl, als auf die von Seiten des Hochfürstl. Badischen Herren Bevollmächtigten an den Herrn Prälaten erlassene Intimation, sämmtliche Unterthanen des Amts Schwarzach auf den folgenden Tag in den Closterhof zu der gewöhnlichen Landeshuldigung würklich beschieden worden seyen.

Es zeigete sich auch dieses in dem Erfolge, da auf das, nach Anweisung derer Herren Commissarien, mit der Glocke gegebene Zeichen, sich sämmtliche Unterthanen in dem Closterhof würklich einfanden, sofort solche von jedem Orts-Vorgesetzten nach der Bürgerliste verlesen, und sämmtliche, etliche wenige, so Krankheits oder anderer Ehehaften halber ausgeblieben, nach denen hier eingerückten Bürgerlisten, anwesend erfunden worden.

Hier folgt die Liste über sämmtliche Bürgere und Unterthanen beeder Abbts-Stäben Schwarzach und Wimbuch de Anno 1765. &c.

Nachdeme nun die Hochfürstl. Herren Commissarii, sowohl wegen der Ordnung der Vornahme des Geschäfts, dem Herrn Prälaten zu dessen Zufriedenheit das nöthige bekannt gemacht, als dieser die Ihme zur Einsicht mitgetheilte Formuln der Landes- und Erbhuldigung, als der sogenannten Abbtshuldigung, mit vorgängiger Rücksprache mit seinem Convent, dem Herkommen gemäß, verfasset gefunden hatte; so verfügten sich gegen 12 Uhr die beede Hochfürstl. Herren Commissarii, in Begleitung des gedachten Herrn Abbten, des dahiesigen Fürstl. Hofraths und Amtmanns Herrn Joseph Eichhorns, des Fürstl. Baden-Badischen Secretarii Herrn Vogts meiner und des Notarii Hahn, auch des Schwarzachischen Closterbeamten auf die in dem Closterhof vor der Abbtey eigens hierzu aufgeschlagene, und mit rothem Tuch belegte Bühne, und nahmen beede erstere, nachdem Sie vor dem Herrn Prälaten und denen übrigen Personen der Begleitschaft die Bühne bestiegen, unter dem wegen üblen Wetters zubereiteten

teten Zeit, an dem daselbst gestellten Tisch, der Badische Secretarius Ich und der Notarius Hahn aber an einem andern etwas abwärts linker Hand gestandenen Tische, den Sitz, wohingegen der Herr Prälat und Badische Beamte, wie auch der Schwarzachische Closter-Officiant rechter Hand ebenfalls etwas abwärts, und ohne Tisch, sich niederliessen.

Nach Anrückung sämmtlicher Unterthanen, gab der Marggräfliche Baden-Badische Herr Huldigungs-Commissarius die Veranlassung dieser gegenwärtigen feyerlichen Handlung in folgender Anrede zu vernehmen:

Hochwürdiger, in Gott Andächtiger,
    Wohledelgebohrne, Ehrsame und gute Freunde!

Demselben und Euch lassen der Durchlauchtigste Fürst und Herr, Herr August Georg, Marggrav zu Baden und Hochberg, ꝛc. ꝛc. als dieses Gotteshauses Landesfürst, Erb-Kastenvogt, Schutz-und Schirmherr, durch mich eigens Bevollmächtigten Ihren gnädigsten Gruß, auch Huld und Gnade entbieten, anbey vermelden, wie Sie entschlossen, die Ihro gebührende, wegen zerschiedener Behinderungen aber bis anhero aufgeschobene Landes-und Erbhuldigung, gleich in ihren übrigen Fürstlichen Landen, also auch in diesem Gotteshauß und denen dahin gehörigen Stäben, Schwarzach und Ulmbuch einnehmen, daneben auch eben Dieselbe, nachdeme unter göttlicher Fügung Ihro und des regierenden Herrn Marggraven zu Baden-Durlach Hochfürstlichen Durchlaucht, unter dem 28sten des abgewichenen Monats Jenner ein näherer Erb-Vereinigungsvertrag geschlossen, und darinnen zu der bereits vorhin inne gehabten Hauß-und Statutenmäßigen Compossessione civili, auch der nähere und natürliche Mitbesitz aller so alt, als neu erworbenen Landen, Leuten, Güter, Renten, Rechten und Gerechtsamen übertragen worden ist, auf höchstgedacht Ihres Herrn Vettern, des Herrn Marggraven zu Baden-Durlach Hochfürstlichen Durchlaucht, miterstrecken zu lassen; allermaßen aus der mir von meines gnädigsten Fürsten und Herrn, des regierenden Herrn Marggraven zu Baden-Baden Hochfürstlichen Durchlaucht, ertheilten Originalvollmacht mit mehrerem zu vernehmen seyn wird.

Hier wurde die Vollmacht, so, wie sie hier eingerückt ist, abgelesen.

Wir August Georg von Gottes Gnaden, Marggrav zu Baden und Hochberg, ꝛc. urkunden und bekennen hiemit. Demnach die Uns von Unsern Unterthanen gebührende Erb-und Landeshuldigung zerschiedener Verhindernissen halber bis anhero ausgesetzet worden, und nun unter göttlichem Beystand zwischen Unseres Herrn Vettern, des Herrn Marggraven Carl Friederichs zu Baden und Hochberg Lbden. und Uns, unter dem heutigen Dato ein näherer Erb-Vereinigungsvertrag zu allgemeinem Vergnügen des Fürstlichen Gesamthauses, zum Trost und zu der Beruhigung beederseitigen Landen und Unterthanen zu Stand gekommen, darinnen auch unter andern vestgesetzt worden, daß, so wie einer jeden derer beyden Fürstlichen Badischen Linien, nach denen Statuten Unsers Fürstlichen Gesamthauses, und nach breiterem Inhalt erwehnten Vertrags, die Compossessio civilis in gesammter der anderen Linie Landen, Gütern, Rechten, Renten, und Gerechtsamen bereits vorhin zukommet, also auch nunmehro der nähere Besitz nicht allein in denen von einer jeden Linie besonders erworbenen Landen, Gütern, Rechten, Renten, und Gerechtsamen übergeben seyn, und zu dessen Bestätigung von beederseitigen Unterthanen die Huldigung nach der veraltlichenen Formul geleistet, auch die beederseitige Dienerschaft in gleicher Maaß, nach der vor sie ebenfalls verabredeten Formul verpflichtet, und damit solch näherer Besitz oder Possessio naturalis bestärket werden solle, Wir mithin keinen längern Anstand nehmen mögen, die angeregte Huldigung und Verpflichtung, und zwar Uns als regierenden Fürsten und Herrn, hochgedacht Unseres Herrn Vettern, des Herrn Margaravens Carl Friederichs zu Baaden-Durlach Lbden. aber, als erbvereinigten Fürsten, in Unseren Fürstlichen Landen ablegen zu lassen; als haben Wir zu dem Ende den Edlen, Unseren geheimden Rath und Hofraths-Directorn, Franz Joseph Weiskirch, auch lieben Getreuen

                                                     ernennet,

Beylage LXXXVII.

ernennet, um solches Geschäft in Unserer Herrschaft Mahlberg, Aemtern Staufenberg, Bühl, Stollhofen, Schwarzach und dem Dorf Kehl zu verrichten, tragen auch ihme Kraft dieses, vollkommene Macht und Gewalt auf, solche Huldigungs- und Dienstspflichten Namens Unserer und für Uns zu empfangen, und alles dasjenige zu thun und zu leisten, was dabey der Ordnung, und der in dem angezogenen Erbvertrag enthaltenen Gebühr gemäß ist, welches Wir dann genehm, und als von Uns selbst geschehen, achten, auch ihn in allem zu vertreten, und schablos zu halten, versprechen.

Urkundlich Unserer eigenen Hand Unterschrift, und fürgedruckten Fürstlichen Secret-Insiegels; So geschehen in Unserer Fürstlichen Residenzstadt Rastatt, den 23sten Jan. 1765.

(L.S.)   August M. z. Baden.

Ad Mandatum Serenissimi Domini
Marchionis proprium.

Nopp. Hofrath und geheimer Secret.

Und nachdeme dieselbe von dem Herrn Abbten recognoscitret worden, wurde von gedachtem Badischen Herrn Commissario folgendergestalten fortgefahren:

Nach allerseits angehörter und recognoscirter Vollmacht bin ich nun allerdings der Meynung und des Vorhabens, meinen habenden Auftrag durchaus Vollmachts- und Instructionsmäßig in Vollzug zu setzen, und will dannenhero im Namen, und von wegen des Durchlauchtigsten Fürsten und Herrn, Herrn August Georg, Marggraven zu Baden und Hochberg, tot. Tit. ic. als dieses Gotteshauses Schwarzach, und zugehöriger Stäben, Schwarzach und Ulmbuch, Landesfürsten, Erb-Kastenvogten, Schutz-und Schirmherrn, ich Franz Joseph Weißkirch, als höchstersagt Ihro Hochfürstlichen Durchlaucht würklicher geheimer Rath und Hofraths-Director, als zu dieser Handlung eigens Bevollmächtigter, an den Hochwohlgebohrnen Herrn Georg Ernst Ludwig Preuschen, Hochfürstl. Marggrävl. Baden-Durlachischen würklichen geheimen Hofrath, als bereits bey mir legitimirten Herrn Bevollmächtigten, im Namen und von wegen des Durchlauchtigsten Fürsten und Herrn, Herrn Carl Friederichen, Marggraven zu Baden und Hochberg, tot. Tit. &c. zu dem bereits vorhin innegehabten Hauß-Statuten- und Verfassungsmäßigen Civil-Mitbesitze, annoch weiter den nähern, das ist, den wahren natürlichen Mitbesitz allerhöchstersagt meines gnädigsten Herrns Hochfürstlichen Durchlaucht, über dieses Ihro angehöriges Gotteshauß Schwarzach, und dessen zugehörige Stäbe, Schwarzach und Ulmbuch, zustehender Landesfürstlicher, auch Erb-Kastenvogtey-Schutz-und Schirmherrlicher Obrigkeiten, Hoheiten, Regalien, Leuten, Gütern, Renten, Rechten und Gerechtsamen, wie die Namen haben mögen, nichts ausgeschlieben, hiermit übertragen, auch zu solchem Ende Wohldemselben gegenwärtigen Gerichtsstaab, als ein Zeichen des übertragenen wahren und natürlichen Mitbesitzes, auf das feyerlichste und rechtsbeständigste übergeben haben.

Hier wurde ein ohngefähr 1½ Schuh langer schwarzer Staab dem Marggrävlich Baden-Durlachischen Herrn Bevollmächtigten eingehändiget, und so fort von demselben angenommen.

B   Jedoch

Jedoch meines gnädigsten Fürsten und Herrn, des regierenden Herrn Marggraven zu Baden-Baden Hochfürstlichen Durchlaucht, höchsten Regierungs-Rechten gänzlich unbeschadet, als weß Endes dann den übergebenen Staab von dem hochansehnlichen Herrn Bevollmächtigten seiner Zeit zurück erwarte.

Auf diesen Vortrag gab der Hochfürstlich Baden-Durlachische B. vollmächtigte, unter gleichförmiger Anrühung des ganzen Umstands, zu vernehmen:

Gleichwie aus dem Vortrage des Hochansehnlich Baden-Badischen Herrn Bevollmächtigten der Anlaß der gegenwärtigen Versammlung sowohl, als was den Erbvertrag zwischen denen beeden Hochfürstlichen Linien des Durchlauchtigsten Gesamthaußes Baden betreffe, zur Genüge allerseits werde seyn vernommen worden; also werde auch auf gleiche Weise verhoffentlich ein jeder genüglich verstanden haben, was massen der Uebertrag des natürlichen Mitbesitzes aller, dem Hochfürstlichen Hauße über dieses Gotteshauß und seine Zugehörungen zuständigen Landesfürstlichen höchsten Gerechtsamen, an Ihne, Namens seines gnädigsten Herrns, Hochfürstlichen Durchlaucht, würklich geschehen sey. Ehe und bevor aber, er, Herr Bevollmächtigter, sich wegen der Annahme sothanen Mitbesitzes erkläre, wolle er seine Person, vermittelst des hiezu empfangenen Gewalts, anvorderist behörig legitimiren.

Hier wurde die Baden-Durlachische Vollmacht, so wie sie hernach folget, verlesen.

Wir Carl Friederich von Gottes Gnaden, Marggrav zu Baden und Hochberg, Landgrav zu Sausenberg, Grav zu Sponheim und Eberstein, Herr zu Rötteln, Baadenweiler, Lahr und Mahlberg rc. urkunden und bekennen hiermit, daß unter Gottes Beystand zwischen Unsers Herrn Vettern, des Herrn Marggravens August Georgen zu Baden und Hochberg Lbden. und Uns, unter dem heutigen Dato, der so lang bearbeitete Erbvertrag zu allgemeinem Vergnügen des Fürstlichen Gesamthaußes, und zum Trost und zu der Beruhigung beyderseitiger Landen und Unterthanen, zu glücklichem Stande gekommen, darinnen auch ist vestgesetzet worden, daß, so wie einer jeden derer beeden Fürstlichen Badischen Linien, nach denen Statuten Unsers Fürstlichen Gesamthaußes, die Compossessio civilis in gesamter der andern Linie Landen, Gütern, Renten, Rechten und Gerechtsamen bereits vorhin zukommet, also auch nunmehro der nähere Besitz nicht allein in denen altväterlichen, sondern auch in denen von einer jeden Linie besonders erworbenen Landen, Gütern, Renten, Rechten und Gerechtsamen übergeben seyn, und zu dessen Bestätigung von beyderseitigen Unterthanen die Huldigung nach der verglichenen Formul geleistet, auch die beederseitige Dienerschaft in gleicher Maße, nach der für sie ebenfalls verabredeten Formul verpflichtet, und damit solch näherer Besitz, oder Possessio naturalis, bestärket werden solle. Wann wir nun mit hochgedachten Unsers Herrn Vetters Lbden. zu der Einnahme solcher Huldigungen und Verpflichtungen ohnverlängt zu schreiten gewillet seynd; als haben Wir zu dem Ende, den Vesten Unseren geheimden Hofrath und Lieben Getreuen, Georg Ernst Ludwig Preuschen, ernannt, um solches Geschäft in der Herrschaft Mahlberg, wie auch in denen Aemtern Stauffenberg, Kehl, Bühl, Stollhofen und Schwarzach zu verrichten, tragen auch Ihme, Kraft dieses, vollkommene Macht und Gewalt auf, solche Huldigungs- und Dienstpflichten, Namens Unserer, und vor Uns zu empfangen, und alles dasjenige zu thun und zu leisten, was dabey der Ordnung, und der in dem angezogenen Erbvertrage enthaltenen Gebühr gemäß ist,

welches

welches Wir dann genehm, und als von Uns selbst geschehen, achten, auch ihn in allem zu vertreten, und schadloß zu halten, hiemit versprechen.

Urkundlich Unserer Unterschrift, und beygedruckten Fürstlichen Insiegels. So geschehen Carlsruhe, den 28sten Jenner 1765.

(LS.)   Carl Friederich M. z. Baden.

Vt. Klost.

Und nachdeme sie von dem Herrn Prälaten recognosciret worden, wurde in der Anrede folgendergestalten fortgefahren:

Nach allerseits angehörter, und recognoscirter Vollmacht, kann ich nunmehro keinen Anstand nehmen, mich wegen der Annahme des übertragenen Mitbesitzes würklich zu erklären. Erkläre mich demnach hiemit: wie ich den, Namens und von wegen des Durchlauchtigsten Fürsten und Herrn, Herrn August Georgen, Marggraven zu Baden und Hochberg tot. Tit. &c. als dieses Löbl. Gotteshauses Landesfürsten, Erb-Kastenvogten, Schuz- und Schirmherrn, durch den Hochwohlgebohrnen Herrn, Herrn Franz Joseph Weiskirch, Sr. Hochfürstlichen Durchlaucht würklichen geheimen Rath, und Hofraths-Directoren, als zu dieser Handlung genugsam Bevollmächtigten, des Durchleuchtigsten Fürsten und Herrn, Herrn Carl Friederichen, Marggraven zu Baden und Hochberg, tot. Tit. &c. Hochfürstl. Durchlaucht, zu dem vorhin innegehabten Edell-Mitbesiz, übertragenen wahren Natural-Mitbesiz aller höchstgedacht. Sr. Hochfürstlichen Durchlaucht, über dieses der Marggravschaft angehörige Gotteshauß Schwarzach, und dessen beyde Stäbe, Schwarzach und Windbuch, zuständigen Landesfürstlichen, auch Erb-Kastenvogteylichen Schuz- und Schirmherrlichen Obrigkeiten, Hoheiten, Regalien, Leuten, Gütern, Renten, Rechten und Gerechtsamen, wie die Namen haben mögen, nichts ausgeschieden, hiemit feyerlichst annehme, und in dessen Gefolge diesen in meinen Handen habenden Stab, als ein Zeichen des, Namens meines gnädigsten Herrns Hochfürstlichen Durchlaucht ergriffenen wahren würklichen und natürlichen Mitbesitzes aller Landesfürstlichen, und sonstigen höchsten Gerechtsamen, über dieses Gotteshauß und seine Zugehörungen, übernehme, auch euch, Umstehende, hißfalls allerseits zu wahrhaften Zeugen anruffe; und da ich demnächst noch weiter in eben solcher Absicht den Handschlag von euch, denen sämmtlichen Unterthanen, erwarte; so werdet ihr jenes Zeugniß, des von mir ergriffenen Natural-Mitbesitzes, zugleich mit einem theuren Eyde besiegeln. Wie aber meines gnädigsten Herrn Hochfürstliche Durchlaucht keineswegs gemeynet sind, des regierenden Herrn Marggraven zu Baden-Baden Hochfürstliche Durchlaucht vorbehaltenen Regierungs-Rechten einigen Eintrag zu thun, als ohnermangle ich, den übernommenen Stab dem Hochansehnlichen Herrn Bevollmächtigten in der Absicht, und mit dem Ersuchen zurückzustellen, daß des regierenden Herrn Marggraven zu Baden-Baden Hochfürstliche Durchlaucht forthin geruhen möchten, dieses, dem Hochfürstlichen Gesamthause angehörige Amt Schwarzach, mit allen denen über das Löbl. Gotteshauß und zugehörige Stäbe höchstgedachtem Fürstlichen Hause gebührenden Landesfürstlichen und andern Gerechtsamen, in gemeinsamem Nahmen zu besitzen, zu nutzen, zu niesen, und solches gänzlich als der Landesfürst zu regieren.

Hier wurde der obengedachte Stab deß Baden-Badischen Herrn Bevollmächtigten zugestellet, und von diesem angenommen.

Beylage LXXXVII.

Nach diesem Vorgang nahm der Marggrävlich Badische Herr Bevollmächtigte den Anlaß, von der an beede Durchlauchtigste Fürsten nunmehr abzustattenden Landes- und Erbhuldigung den umständlichen Vortrag zu machen, sofort aber, nach denen ausführlich angezeigten Pflichten getreuer Unterthanen gegen ihre Landesfürsten, und zu gleicher Zeit aber auch eingeschärften Pflichten gegen das Löbl. Gotteshauß, als die mittlere Herrschaft, die zwischen beeden Durchlauchtigsten Fürsten verglichene Erbhuldigungsformul, nach der oben angezeigten besondern Einrichtung, öffentlich ablesen zu lassen.

Hier wurde die hernachfolgende erstermehnte Huldigungsformul abgelesen.

„Ihr sollet und werdet mit Treuen geloben, und darauf einen Eyd zu Gott dem „Allmächtigen schwören, daß ihr neben denen, einem zeitlichen Abbten des Clo-„sters Schwarzach schuldigen Pflichten, dem Durchleuchtigsten Fürsten und Herrn, „Herrn August Georgen, Marggraven zu Baden und Hochberg, Landgraven zu „Sausenberg, Grafen zu Sponheim und Eberstein, Herrn zu Rötteln, Baaden-„weiler, Lahr und Mahlberg, der Landvogtey Ortenau und Kehl rc. Rittern des golde-„nen Vließes rc. Ihro Kayserl. Königl. Majestäten, des heiligen Römischen Reichs, „und des löbl. Schwäbischen Craißes, wie auch Ihro Hochmögenden derer Herren „General-Staaten derer vereinigten Provinzen bestellten resp. Generalen der Ca-„vallerie und General-Feldmarschall-Lieutenant, auch Obristen über zwey Re-„gimenter zu Fuß rc. als besagten Gotteshaußes Schwarzach, Landes-„fürsten, Erb-Kastenvogten, Schuz und Schirmherrn, und Dero „Fürstmännlichen Leibes-Erben, wie auch dem Durchlauchtigsten Fürsten und „Herrn, Herrn Carl Friederich, Marggraven zu Baden und Hochberg, Land-„graven zu Sausenberg, Graven zu Sponheim und Eberstein, Herrn zu Röt-„teln, Baadenweiler, Lahr und Mahlberg rc. als Erbvereinigten näheren Mit-„besitzern, Dero Fürstmännlichen Leibes-Erben und Agnaten, unterthänig, ge-„horsam, getreu und hold, Dero Befehlhabern, Geboten und Verboten geho-„sam und gewärtig seyn, Dero, als eures Landesherrn und respective mitbe-„sitzenden Fürsten, ingleichem ermeldten Herrn Prälaten für Schaden warnen, „und dafür seyn, Nutzen und Frommen werben und befördern, als, Closters-Renten, „Zinnß, Gülten, auch andere Dienstbarkeiten, liefern und leisten, und über-„haupt alles das thun wollet, was Unterthanen jedweder Obrigkeit von Rechts-„und Gerechtigkeit, auch Gewohnheit zu thun schuldig, pflichtig und ver-„bunden seyn, auch billig thun und leisten sollet, Schirms als Schirms, Un-„terthanen als Unterthanen, Leibeigne als Leibeigne rc. alles getreulich und ohne „Gefährde, so wahr euch Gott helfe und seine liebe Heiligen."

Und da sich hiernächst sämtliche Unterthanen zu deren Abschwörung, auf Befragen, mit einem lauten Ja! bereitwillig erkläret hatten, wurden sämtliche zu dem Handschlag sowohl an den Marggrävlich Baden-Badisch- als Baden-Durlachschen Herren Bevollmächtigten ermahnet, sofort solcher würklich, und zwar zuerst von dem Gericht, hernach aber auch von denen sämtlichen Unterthanen, Mann vor Mann, welche auf der einen Seite auf die Bühne hinauf, und der andern abstiegen, abgestattet, sodann auf vorgängige, von dem Marggrävlich Baden-Badischen Herrn Bevollmächtigten beschehene Versicherung aller wohl als rechtmäßig hergebrachten Freyheiten, Rechten und guten Gewohnheiten, der Eyd, nach der gewöhnlichen Bestätigungsformul, mit aufgehabenen Fingern, abgeschworen. Welchem dann schließlich der Marggrävlich Baden-Badische Herr Bevollmächtigte annoch einen Glückwunsch, der Baden-Durlachische aber, nebst dem Glückwunsch, annoch die nämliche Bestätigung aller wohl und rechtmäßig hergebrachten Freyheiten, und guten Gewohnheiten, hinzufügte.

Nachdeme

Beylage LXXXVII. 9

Nachdeme also dieser Actus ruhig vollbracht ware, gabe mehrgedachter Baden Badischer Herr Bevollmächtigte weiter zu vernehmen: Es seye allerseits anzuzeigen, was gestalten der Hochwürdige in Gott andächtige Herr Anselm rechtmäßig und Canonisch erwählt- auch von Landesherrschaft wegen bestättigter Abbt dieses Gotteshaußes Schwarzach um die herkömmliche sogenannte Abbts Huldigung geziemend angestanden habe. Nachdeme nun hierbey kein Anstand vorwalte, auch Er Herr Bevollmächtigter zu Vornahme dieser Handlung bereits in voraus den gnädigsten Auftrag erhalten habe;

Als wurden sämmtliche Unterthanen von Landesherrschaft wegen befehliget und ermahnet, solche Abbts-Huldigung, jedoch dem der Landesherrschaft schuldigen Gehorsam unabbrüchig, zu leisten, und des Endes die auf diese Handlung gerichtete Eydes-Formul zu vernehmen.

(Hier wurde die hiernach eingerückte Eydes-Formul verlesen.)

„Ihr werdet dem Hochwürdigen in Gott andächtigen geistlichen Herrn „Anselmo gebührend und rechtmäßig erwählt- und confirmirten Abbten des Got„teshaußes Schwarzach geloben, und zu Gott und den Heiligen schwören, dem„selben und ermeldtem Gotteshauß treu und hold zu seyn, denselben für eure vor„gesetzte nähere Obrigkeit zu halten, sein und des Gotteshaußes Frommen und „Nutzen zu schaffen, Schaden zu warnen und zu wenden, Ihme Herrn Prälaten, „und die das zu jeder Zeiten von seinetwegen befehlen werden, in Geboten „und Verboten gehorsam zu seyn, und insonderheit die so Leibeigene sind des „Gotteshaußes, ihr Leib und Guth ohne Vorwissen und Willen desselben nicht „zu entfremden, und alles das zu thun, das leibeigene Leute, die so leibeigen sind, „und die so nicht leibeigen sind, fromme und getreue Unterthanen und Hintersaß„sen ihrer näherer Herrschaft schuldig und pflichtig seynd, jedoch dem Durchleuch„tigsten Fürsten und Herrn, Herrn August Georg, Marggraven zu Baden „und Hochberg tot. Tit. &c. als dem regierenden Landesfürsten und Dero Fürst„männlichen Leibs-Erben, wie auch dem Durchleuchtigsten Fürsten und Herrn, Herrn „Carl Friderich Marggraven zu Baden und Hochberg tot. T. &c. „als ervereinigten näheren Mitbesitzern, Dero Fürstmänniglichen Leibes-Erben „und Agnaten die vorhin geleistete Erb- und Landes-Huldigung, Landesfürstl. „Obrigkeit, Regalien und Hoheiten auch Kastenvogteyliche Schutz, „Schirm, Rechte und Gerechtigkeiten ausdrücklich und bestermaßen „vorbehalten. So wahr euch Gott helfe und seine liebe Heiligen;„

Nun hätte zwar hierauf nochmahlen der Handschlag von sämmtlichen Unterthanen an beede Fürstliche Herren Commissarien, und zugleich an den Herrn Prälaten vor Abschwörung des Eides geschehen sollen. Alldieweilen aber wegen des übelen Wetters und beständigen Schneyens, auch weil es schon etwas spät ware, der Herr Prälat selbsten gebetten, daß die Unterthanen sowohl von dem abermahligen Handschlag an die Fürstl. Herrn Commissarien dispensiret werden möchten, als auch Er solche von dem Ihme nach solchem gebührenden Handschlag erlassen hatte, sofort die Hochfürstliche Herren Commissarien hierbey keinen Anstand gefunden; als wurde ein solches von mehrgedachtem Badischen Herrn Bevollmächtigten denen Unterthanen angezeiget, dann aber, da diese auf die Frage:

Ob sie die Formul der Abts-Huldigung und Ihre Pflichten sowohl gegen die Landesherrschaft als den Herrn Prälaten wohl verstanden, auch solchen nachkommen wollten?

mit einem lauten Ja! geantwortet, und sich zur Ablage solcher Pflichten willig erkläret hatten, der würkliche Eyd nach der gewöhnlichen Bestabungs-Formul abgeschworen, und hierauf von beyderseitigen Fürstlichen Herren Commissarien sowohl dem Herrn Prälaten als denen Unterthanen auch hierzu Glück gewünschet.

Beylage LXXXVIII.

Kayser Sigmunds angebliches Badischer Seits nicht anerkanntes Rescript an Marggrav Bernhard zu Baden, wodurch diesem die Handhabung des Klosters Schwarzach gegen Ludmann von Lichtenberg extraordinarie aufgetragen worden seyn soll.

(Jahr 1422)

(ex Deductione Schwarzacensi Immed. O. S. B. p. 99.)

Wir Sigmund von Gottes Gnaden Römischer König, zu allen Zeiten Mehrer des Reichs und zu Hungarn, Böheim, Dalmatien, Croatien ꝛc. König, Entbieten dem Hochgebohrnen Bernhard Marggraven zu Baden Unserm lieben Oheim und Fürsten unser Gnad und alles Guts, Hochgebohrner lieber Oheim und Fürst.

Wann für Uns kommen sind die ehrsamen Abt und Convent des Gotteshuß zu Schwarzach St. Benedicten Ordens, in Strasburger Bisthum gelegen, und haben Uns fürgelegt mit Klag: Wiewohl sie und ihr Gotteshuß von Päpsten, Römischen Kaysern und Königen also gefreyet, versehen und begnadet, und auch bestättiget sind, daß sie billig bey solchen Gnaden bleiben sollen und auch Unser Bestätigung darauf haben, jedoch so fahr der Edel Ludmann von Lichtenberg zu, und griffe ihne freventlich mit Gewalt in dieselbe ihre Freyheit, Eigenschafft, Güther und Lüte und nehme ihne ihre Wäld, Zehenden, Feld, und andere Eigenschafft ihres Closters, und Gottshuß, und Nutz und Nieß der ohn alles Recht, und wiewohl sie des mit dem Rechten in dem Hof zu Rom gegen ihm erfolgt und erlangt haben, daß er in päbstlichen Banne kommen ist, jedoch so vertrag er das in Frevel, und unterstehe sich täglich mehr und gründlicher zu verderben. Nu haben Uns die vorgenannten Abt, Prior und Convent inniglich gebetten, sie als ein Römischer König * zu beschirmen, sie in ihre Gewehre und Güthere und bey Gleich und Recht zu handhaben und zu beschirmen. Und wann Wir verstehen, daß der vorgenannt Abt, Prior und Convent von solchem Unrecht und Gewalts wegen sonderlichs Schutzes und Schirmes bedörfen °°, deß Wir ihme allezeit mit leiblichen mittheilen mö-

---

* Vermöge der allgemeinen Kayserlichen und Königlichen Advocatie.
°° Siehe und bemerke hier das Wahrzeichen einer protectionis extraordinariæ, eines sonderlichen Schutzes gegen den Bedrang eines Reichstandes.

Beylage LXXXVIII.

mögen, durch anderer treflicher Geschäffte willen, die Uns täglich zu Handen kommen. Und wenn die das vorgenannte Closter mit seinen Güthern also gelegen ist, daß du sie mit deinem Schirm* an Unser Statt wohl magst versehen, darumben mit wohl bedachtem Muth, gutem Rath, und rechten Wissen angesehen solch gut Zuversicht, die Wir zu dir haben, und auch durch Willen geistlicher Freyheit und Würdigkeit, die Wir pflichtig sind zu fürdern und zu fürwenden, haben Wir die vorgenannten Abt, Prior und Convent und das Closter Schwarzach mit allen ihren Güthern, Lüthen, Herrschaften und Zugehörungen, gar nichts ausgenommen, an Unser Statt zu deinem Schutz und Schirm befohlen und befehlen in Krafft dieß Brieffs, und gebieten dir auch von Römischer Königlicher Macht ernstlichen und bey den Trewen deren du Uns von des Reichs wegen pflichtig bist, daß du sie für den ehegenannten Ludmann und sonst für aller männiglich handhabest, schützest und schirmest, und sie in Gewehre ihrer Güther, die ihnen mit Gewalt entwehret sind, wieder insezest, und sie auch fürbaß wider Recht und Gleich niemand tringbaßest in keine Wiße. Das ist Unser ernste Meynung und du' thuest daran gänzlich unsern Willen.

Auch wollen Wir, daß du die vorgenannt Abt, Prior, Convent Gottsbuße ihre Güther und Lüthe durch deines Schuzes Willen nicht beschwerest, noch den Deinen gestattest, ihnen keinerley Gezwang zu thun, Uns, dem Reich, und dir zu Ehren. Das ist Uns von deiner Liebden sonderlich wohl zu Dank. Und dieser Unser Brief soll Macht und Krafft haben, bis auf Unser, oder Unserer Nachkommen Römischer Kayser oder Königen Widerrufen.**

Mit Urkund dieß Briefs versiegelt mit Unserm Königlichen anhangenden Innsiegel.

Geben zu Nürnberg an Unser lieben Frauen Tag Assumptionis nach Christi Geburt tausend vierhundert, und darnach in dem zwey und zwanzigsten Jahr Unserer Reiche, des Hungarischen im sieben und dreyßigsten, des Römischen in dem zwölften, und des Böhmischen in dem dritten Jahren.

---

* Deinem Schirm, dieser bestunde also schon.

** Diese Handhabung gegen Lichtenberg mußte alsdenn ipso jure aufhören, wenn Ludmann, oder Ludwig, als Beklagter sein Unternehmen bey Kayserlicher Majestät rechtlich behauptete. Derselbe schlug aber diesen Weg nicht ein, sondern trug seine Ansprüche dem Marggraven vor, welcher hierauf beyde Theile in eben dem Jahr rechtlich entschied. (Siehe die Beylage VIII.), wornach es also weder eines kayserlichen Widerrufs noch einer Bestätigung der vorherigen protectionis ordinariæ des Marggraven (Siehe die Beylage III.) weiter bedurfte.

Beylage LXXXIX.

Auszug Vertrags zwischen Pfalz-Grav Friederichen und Marggrav Jacoben, wegen unterschiedlicher Strittigkeiten und Puncten, insbesondere die von denen von Windeck angesprochene Kastenvogtey über das Closter Schwarzach betreffend.

Durch Interposition Herrn Dieterichens Erz-Bischoffens zu Maynz etc. uffgerichtet, de dato Aschaffenburg Montag nach Oculi Anno

(1453.)

Wir Dieterich von Gots Gnaden deß heiligen Stuhls zu Mentze Ertz Bischoff, deß heiligen Römischen Richs durch Germanien Ertz-Canzler etc. Bekennen, und thuen kund offentlich mit dieser Schrifft, Alß die Hochgebohrnen Fürsten, Her Friederich Pfalz-Grav by Rine etc. und Herzog in Beyern etc. von sie selbs vndt des Hochgepornen Fürsten, Hern Philippsen Pfalz-Graven by Rine etc. und Herzog in Beyern, alß sins Fürmunders, eins, und Her Jacob Marggrav zu Baden etc. des andern Theils Ihrer Zusproche und Forderunge etlicher benannter Stücke und Puncte halber Ihr ein Teil an den andern gethan, gehabet hatt, uff uns vndt unser Rete, mit Ihrer beiderseits Wissen, und Gehelle, veranlasset worden sint nach Sage und Inhalt desselben Anlaß von Worte zu Worte hernach geschrieben, als uß lutende: Von Gots Gnaden Wir Reynhardt Bischoff zu Spir, Ludwig Pfalz-Grave by Rine und Herzog in Nidern und Obern Beyern, Albrecht Marggrav zu Brandenburg vnd Burggrav zu Nürnberg vnd Jobst von Venningen Meister Dutsch Ordens, in Dutschen und Welschen Landen, bekennen vnd thun kundt offenbar mit diesem Brieffe, das Wir uff solchem vnverbunden Tage zue dieser Zot hie zu Spier geleistet zuschen den Hochgebohrnen Fürsten Herrn Friederichen Pfalz-Graven by Rine und Herzogen in Beyern Fürmunder vnd Hern Jacoben Marggraven zu Baden etc. und Graven zu Sponheimb, Vnser besunder lieben Herrn Vetter Oheimen Swoher vnd gnädigen Herrn mit derselben Herzog Friederichs und Marggrav Jacobs Wissen vnd Gehelle haben beredt vnd beteidingt, das Sie dieser nachgerufften Zusproche, die Ihr iglicher teil an den andern hait kommen sollent, uff den höchwürdigen Fürsten in Got Vatter, Hern Dieterichen Erzbischoffen zu Mentze etc. Dieselben Zusproche Ihm uszutragen, Also, daß sie beyderseyt, oder Ir Erben zue Tagen die der egent Ertz-Bischoff Dieterich Jm wirdet beschieden in der nachgemelten Zit komen oder mit macht, der zu recht gnug so schicken sollen, vnd bas da durch Ertz-Bischoff Dieterichen vnd sine Rete, die Er vngewehrlich zu den Tagen by Ihne haben wirdet, geschehe muntlich Verhörunge des egent Marggrav Jacobs Ansprachen aller nachbegriffen Stucke, an Herzog Friederichen von syn selbs vnd Herzogs Philipps sins Vettern wegen, alß sin Fürmunder vnd Ihr beider Theil fürbringen, Worte, Briefe vnd Kuntschafften, vnd weß Sie gegeneinander meinen zu genießen, wan das zu recht gesagt vnd beslosen ist, daß dann darnach auch geschehe, muntlich Verhörunge vmb Herzog Friederichs von sin selbst vnd Hertzog Philipps sins Vettern wegen Zuespruche aller nachgeschrebner Stücke an Marggrav Jacoben, vnd darauff desselben Marggrav Jacobs antwurdt, vndt Jr jettweder teils furbringen Wordt, Briefe, Kundschafften, vnd weß Sie gegen einander zue genießen meynen vnd solch vorgeschreben von beiden Teilen

Beylage LXXXIX.

Teilen Fürbringungen Beſlieſungen ſollent geſchehen, hiezwiſchen vnd Sant Jörgen Tage nach Dat dieß Brieffs nechſtkünftig vngefehrlich, wann das alſo iſt getan, wie dan darnach der egente Ertzbiſchoff Dieterich vnd ſine Rete die Er in den Vierteiln vngeverlich zu jme nemen würdet, oder der mehrerenteil vmb ein iglich Stücke in dieſem Anlaß begriffen, daß beyde Parthien mit Wißen gutlich nit mochten werden gerichtet für Recht entſchelden durch deſſelben Ertzbiſchoff Dieterichs verſiegelten Spruch Brieffe ſolch Entſcheidunge auch ſal geſchehen zwiſchen dem egent Sant Jörgen Tage vnd Wihenachten darnach nehſtkommende vnd die Vrtell-Brieff, ſollen von beiden Theilen, durch Ihre Botten vff einen Tag, den derſelbe Ertz-Biſchoff Dieterich Ihne wirdet benennen, In ſiner Cantzlei Aſchaffenburg, empphahen werden, vngeverlich, ſolche Spruche ſollent die egente Parthien offnehmen davon nit appelliren, ſondern den ohn allerley Intrage, nachgeen vnd gnug thuen ſo ferre Ihr iglichen Teile die werdent binden vnd berühren, vnd ob ſich fügte daß der obgnnte Ertz-Biſchoff Dieterich vor vnd ee die Sachen in obgeſchriebener Maß vor Ihme vnd durch Ihne zu Vßtrag bracht weren abgienge Todes deß Ime Gott lange wolle friſten, So ſollen Hertzog Friederich von ſin ſelbſt vnd Hertzog Philipps ſins Vettern wegen, alß ſin Fürmunder oder ſine Erben oder an der Fürmunderſchafft ſine Nachkommen, ob Er von Todes wegen abgienge, das Gott lange verhuten wolle, vnd Marggrav Jacob oder ſine Erben in einem Monat dem nechſten an lenger vertziehen, nach dem eynander Ertz-Biſchoff erwählt wäre, denſelben nachkommenden Ertz-Biſchoff freundlich fliſſlich vnd ernſtlich bitten, daß er anſtatt deß egente Ertz-Biſchoff Dieterichs ſich der Sachen beladen, vnd der zu Vßtrag helffen wolle, alß hervorſtehet, geſchreben ohn alle geverdte.

Vnd ſindt dieß die Stück ꝛc.

Item vff den Funffzigſten Artickel antreffend die Geſchicht, durch Hanſen von Otterswiler vnd etlichen andern von Geheiße Gerichen Strichen an des Appꝛs vnde Gottshuße Schwartzach Hofeſeßen zu Uberwaßer beſchehen ꝛc. vndt drwil Hertzog Friederich dargegen meldet, ſolche Sache obgemelten Hofeſeßen antreffende, ſolle gericht vnd geſlicht ſin, So entſchelden Wir mit vnßern Räthen einmutiglichen für Recht, brengt Hertzog Friederich mit vnpartheylicher Kuntſchaft by, alß zum rechten gnug iſt, daß die Sache berücht vnd geſlicht ſy, vff maße, daß er in Siner Nachrede geſetzt vnd geruhet hat, ſo ſolle es daby verſieben, vndt Hertzog Friederich dem Marggraven, vmb den Zuſpruch entbrochen ſin, thete aber Hertzog Friederich ſolch Vobrenaunge nit berechtet, als dann der Marggraffe mit ſinm Eyde, alß recht iſt, daß Er den Appꝛ vndt das Cloſter vnd Ihren Hofeßen egemelten in ſinen Schirm die Zyt gehabt habe, dwieile wir dann nit verſtehen, daß die Geſchicht rechts erfolgt, ſunder vnerlangt mit aigener Gewalt beſchehen iſt, So ſoll Hertzog Friederich den vorgeſchriben ſiner Gefengnuße vndt darzu ſine Burgen Ihrer Haffrunge Sie für ihne verpflichtet ſinde, ledig vnd loiß ſagen, vndt damit de Ine Ihren Schaden Sie deßhalb gellitten vnd empfangen hetten keren, was deß alsdenn der Marggrav durch den Hofeß vndt den Burgen nach redelicher Achtunge benennet, vndt by deſſelben Hoffeßen vndt Burgen apden berechtet, alß recht iſt ahne Gevehrde ꝛc.

ꝛc. ꝛc.

Item vff den Sieben vndt drißigſten Artickel von der Kaſtvogtye deß Cloſters zu Schwartzach, deß die von Windeck vndt ihre Voraltern von alter her geruglich zuglich besesse gehabt vndt herbracht haben*, vndt Sie der Marggrave entwehre ꝛc. vndt nach Ansprach antwurt und beyder Theile fürwenden, entscheiden Wir mit vnsern Räthen ein mutiglichen für Recht, daß der Marggrave, vnd das Closter Schwarzach by der genanten Kastvogtey vndt Ihrer Zugehördts ohngehindert von den von Windecke verbleiben sollent, biß daß Ihne dieselbe Kastvogtey von des von Windecke mit bessern Rechten benommen werde.

ꝛc. ꝛc.

Vndt als in den vorgeschriebenen Vnsern Rechtlichen Entscheiden beider Theil Ansprachen, beyden Partheien etliche rechte Benennunge, Behaltunge vndt Beybringunge zu tragen vndt zu thuende gewieset, ertheilt vndt gescheiden sint, da setzen vnd benennen Wir den beiden Partheien vndt den Ihren, den das nach Lute Vnsere Entscheiden gebuhrt, Ihre rechtlichen Tage zu drien Tagen vndt Seß Wochen anzurechen, von dem Palm-Tage nechstkünfftig für Vaß oder die Ihenen Wie von Vnsern wegen daby schicken werden, gen Wormbs in das Huß, genannt die Müntze, solche Ihre rechte Benennunge, Behaltunge vndt Bobrenaunge daselbs zu tragen, zu thuende vndt zu warten, zu warten vndt zu thuende nach Lute Vnßerer Entscheide eneruhet, vndt sal nemlich der erste Tag sin uff Monntag nach dem Sonntag Quasimodogeniti, der ander uff Dienstag nach dem Sonntag Jubilate vndt der dritt vndt lester Tag uff Mittwochen nach dem Sonntag ivocem jucunditat. alles nechstkünfftig vndt zu rechter Tagezyt sunder alles Gebehrde, vndt ob derselben Tag einer ein Fiertag vndt nit Gerichts-Tag daselbs zu Wormbs wurde sin, So sal an deß statt der nechst Gerichts-Tag darnach, der Recht-Tag sin, vngeverlich, vndt deß zu Orkende. So han Wir Vnser Ingesiegel thun hencken an diese Schrift. Geben zu Aschaffenburg am Monntag nach dem Sonntag, als man in der heiligen Kirchen singet Oculi, Anno Domini Millesimo quadringentesimo quinquagesimo tertio.

---

* Derer von Windeck Vorellern hatten keine Kastenvogtey, sondern nur eine Vogtey über verschiedene in denen Zielen von der Sped (bey Moos) biß an den Rhein, das ist, zu Stollhofen, Hügelsheim, und Söllingen, gesessene Leibeigene von denen Herren von Geroltzeck zu Lehen getragen. Und diese hatten sie im Jahr 1318 dem Closter Schwarzach mit Bewilligung Walthers Herrn von Geroltzeck, seine vorhandener Briefe wiederkäuflich verkauft. Vermuthlich fiele es denen von Windeck ums Jahr 1453 ein, solche Vogtey wieder an sich zu ziehen, ja gar solche auf eine Kastenvogtey auszudehnen. Gleichwie aber die Zeit der Wiederlosung verstrichen war, so konnte der Marggrav ihnen ihr Unternehmen nicht gestatten. Dieses war also der Anlaß zu diesem Streit, wobey Churpfalz sich derer von Windeck annahme. Sie wurden abgewiesen, es bliebe alles wie es war, Baden behielte die Castenvogtey, und das Closter seine Leibeigene. Nachdeme solche indessen nebst dem Huben-Gerichte zu Stollhofen im Jahr 1493 an Baden käuflich überlassen worden sind, in der Folge auch Baden sowohl denen von Geroltzeck succediret ist, als derer von Windeck Güter erworben hat, so kann von dieser Vogtey keine Frage mehr seyn.

Beylage XC.

Päpstliche Bestätigung des Marggräflichen Juris de non evocando, zumalen in Ansehung der Schirmsverwandten Geistlichen.

(Jahr 1459.)

Pius Episcopus servus servorum Dei venerabilibus fratribus Basiliensi & Spirensi Episc. salutem & Apostolicam Benedictionem; Romani Pontificis providentia circumspecta ad ea libenter intendit per que Xti fidelium dispendiis obviatur & que per Catholicos Principes super ministranda justitia in commodum subditorum facta dicuntur, firma perpetuo & illibata persistunt apostolico munimine roborentur. Exhibita siquidem nobis nuper pro parte dilecti filii nobilis viri *Caroli Marchionis Badensis* petitio continebat, quod licet progenitores sui & præsertim quondam *Jacobus* ejus genitor & ipse post eos & pluribus Roman. Regibus & Imperatoribus privilegiati fuerint, & inter alia eis concessum sit, *ut eorum subditi & terrigenæ ac etiam eis commissi & pro quibus respondere tenentur quique* in eorum tuitione consistunt non debeant nec possint extra eorum Dominia & Judicia ordinaria patrie, & presertim prefatus Carolus a Carissimo in Xto filio nostro Friderico Roman. Imperatore semper Augusto fuit in specie privilegiatus, ne subditi prefati & alii supra dicti ad Judicia vetita Westphalica possint vel debeant pro quacunque causa *evocari, trahi aut citari dumodo conquerenti coram suo ordinario Judice Justitia denegata non fuerit*, prout in litteris imperialibus dicitur plenius contineri, nihilominus præfati Caroli *subditi, terrigenæ & alii prædicti* coram Judicibus indictis vetitis secretis Westphalicis Judiciis dictim evocantur, trahuntur & citantur ac plus in dies trahi & molestari posse timetur. Quare pro parte ejusdem Caroli nobis fuit humiliter supplicatum: *ut privilegiis predictis pro illorum subsistentia firmiori robur apostolicæ confirmationis adjicere, aliasque in premissis oportune providere de benignitate apostolica dignaremur*. Nos itaque de premissis certam notitiam non habentes hujusmodi supplicationibus inclinati fraternitati vestre per apostolica scripta mandamus quatenus unus vel alter vestrum de privilegiis hujusmodi se diligenter informetis, & si de illis post eorum coram vobis exhibitionem & inspectionem *sic ut premittitur concessis* vobis legitime constiterit ea auctoritate vestra approbetis & confirmetis illaque ut conservatores apostolici eorundem Privilegiorum, sub *ecclesiasticis* sententiis & censuris, ac etiam pecuniariis penis indictis Litteris Imperialibus expressis firmiter observari faciatis, atque mandetis invocato ad hoc, si opus fuerit auxilio brachii secularis. Non obstantibus felicis recordationis Bonifacii P. P. VIII. predecessoris nostri illis præsertim, quibus cavetur, ne quis extra suam Civitatem vel Dioc. nisi in certis exceptis Casibus & in illis ultra unam dictam a fine suæ Dioecesis ad Judicium evocetur seu no Judices a sede predicta deputati extra civitatem vel dioec. in quibus deputati fuerint contra quoscunque procedere aut alii vel aliis vices suas committere presumant, nec non de duabus dictis in Concilio generali & aliis apostolicis Constitutionibus contrariis quibuscunque aut si aliquibus communiter vel divisim ab eadem sit sede indultum, quod interdici suspendi vel excommunicari non possint, per Litteras Apostolicas non facientes plenam &

expressam ac de verbo ad verbum de indulto hujusmodi mentionem. Dat. Rome Anno Incarnationis Dominice millesimo quadringentesimo quinquagesimo nono pridie Noy Marty pontificatus nostri Anno secundo.

.,. Jd et Piccolominiḃ'.,.

h
Cndr pntrr.
N. Tuniyeus.

(L. S.)

Beylage XCI.

Kayser Friderichs Freyungs-Brief, Marggraven Christophen zu Baden ertheilt, daß seine Unterthanen, Diener, Manne und die ihm zu schirmen und zu versprechen stehen nirgends anders Recht geben und nehmen sollen, als vor dem Marggraven und seinen Erben.

(Anno 1475.)

Wir Friederich von Gottes Gnaden Römischer Kayser zu Allenntzeiten Merer des Reichs, zu Hungarn, Dalmatien, Creatien ꝛc. Kunig, Hertzog zu Oesterreich zu Steyer zu Kerndten, und zu Crain, Herrn auf der Windisch March, und zu Portenawe, Grave zu Habspurg zu Tyrol, zu Pfort und zu Kyburg, Marggrave zu Burgawe und Lanntgrave im Elsaß. Bekennen offentlich mit diesem Brieue und tun kundt allen denen, die In sehen oder horen lesen, daß Wir durch Dinste und Treüe die Vns und dem Reiche der Hochgebohren Christoff Marggraue zu Baden, und Grave zu Sponheim unnser lieber Oheim und Fürst bißher willicklich ertzeigt hat, teglich ertzeigt vnd für baßer thun sol vnd mag In künfftigen Zeyten. Inne von sein selbs vnd des Hochgebornen Albrechten, auch Marggraven zu Baden Vnnsers lieben Oheims vnd Fürsten, seins Bruders wegen Iren Erben vnd Nachkommen mit wol bedachtem Mute, gutem Rate vnßere vnd des Reichs Fürsten Edlen vnd getrewen, vnd mit rechter Wißen diese besunder Gnade vnd Freiheitt gegeben vnd getan haben, tun vnd geben In die in Crafft diß Brieues von Römisch·er Keyserlichen Macht Vollkommenheit, daz man Ire Iren Erben und Nachkommen, Diener Manne noch Lewte, Es sein Grauen, Herren, Ritter, Knecht, Burger, Vnderseßen, Gebawren noch die Ine zu versprechen steen Ire Güter noch auch derselben Irer Diener, Manne vnd der Iren guter Lewt, Burger, Diener, Knecht, Vnderseßen vnd Gebawren sy sein Leben, Eigen oder Pfannde oder steen Ine sunst zu versprechen, zu schirmen oder zu verantworten gemeinlich noch sonderlich für Vnnß vnd des Reichs-Hofgericht in vnnserm Keyserlichen Houe, das Hofgericht zu Rotwil oder annder Lanntgericht oder Gericht, wo die gelegen, oder wie die genannt sein nicht laden, fürtreiben, hefften, verbitten, aufhalten, ansprechen, fordern, beclagen bekumbern oder daran

dhein

Beylage XCI.

dhein Urteil wider sy sprechen noch sy achten ⁎ solle noch umge in dhein Weiſe, ſonnder Wer zu derſelben Jrer Diener oder Manne, Stette, Dörffere, Gerichten oder Vnnderſeßen, das ein ganz Commun anget icht zu clagen zu vordern oder zu ſprechen hat oder gewinnet vmb was vnd welcherley Sachen das iſt gar nichts ausgenommen, der ſol Recht von Jne vordern vnd nemen vor denſelben Marggraven Jren Erben vnd Nachkommen vnd Jren Reten oder vor Jren Ambtleuten oder Richtern den ſy das an Jrer ſtatt empfehlen.
Wer aber zu annderen der genannte Marggrauen Chriſtoffs und Marggraven Albrechts Jrer Erben vnd Nachkommen Leuten, Burgern Vnnderſeßen den Jren vnd die Jne zu verſprechen ſteen, oder zu Jrer Diener vnd Manne Leuten, Burgern Vnnderſeßen vnd die Jne oder Jr yedem zu verſprechen ſteen ſy ſein Leßen, eigen oder Pfannde Jr einem oder Mer Manne oder Weibe zu clagen zu vordern oder zu ſprechen hat, oder gewinnet, warumb das iſt, auch nichts ausgenommen der ſoll von den vnd Jr yedem Recht nemen an den Ennden vnd Gerichten dahin vnd in die ſy gehoren vnd darin ſy geſeßen ſeyn, vnd nyndert annders wo. Vnd ſollen auch all vnd ialich Clager vnd Clägerin ſich an den vorgeſchriben Ennden Rechts alſo genugen laßen. Es ſollen auch die vorgenannten Marggraven Jr Erben und Nachkommen Jre Diener vnd Manne ſolchen vorbenanten Clagern vnd Clägerin alltzeit Rechts geſtatten helffen gehorſam ſein vnd geholffen werden ſchaffen an den Stetten und Ennden, als vorbe‐ griffen iſt nach Jrer Eruorderung in den nechſten Sechs Wochen vnd dreyer Tagen ungefätlich, beſchehe des aber nit, ſo mügen dieſelben Clager oder Clägerin vor dem egenanten des Reichshof‐Gerichts oder annders wo Recht ſuchen vnd vordern als Jn des Noth wirdet vnd als dickh auch die vorgenannten Marggrauen Jr Erben vnd Nachkommen Jr Diener, Manne, vnd Lewte, Es ſein Grauen, Herrn, Ritter, Knecht, Burger Vnnderſeßen Gekawren oder die Jne zu verſprechen ſteen oder der‐ ſelben Jrer Diener vnd Manne guter Lewt, Burger, Diener, Vnnderſeßen vnd die Jne zu verſprechen ſteen als vorbeſcheiden iſt. Jr einem oder meer ſo ſy durch Ladung oder Verkündung fürgenommen weren oder würden von einem iglichen Hof‐Gericht Lannt‐Gericht, Stette oder Dorff‐Gerichte vordern vnd heiſchen, mit Jrem offen beſigelten Brieuen oder ob Jr Ambtleut dieſelben die in Jren Ambten geſeßen weren oder darein gehorten, von Jren wegen auch mit Jren offen verſiegelten Brieuen vordern zu weiſen als vorbeſcheiden iſt, So ſollen derſelb Hofrichter Lant Richter oder annder Richter dann vber denoder dieſelben nicht urteilen richten noch ſprechen in dhein Weiſe, ſonnder die weiſen an die Ennde als vorſtet on alle Widerrede. Es ſol auch Nyemant der vorgenannten Marggrave, Jrer Erben und Nachkommen Eigenlewt, Vogt‐Lewt, noch vnver‐ rechnet Ambtlewt ob Jn die abtrünig wurden zu Burgern oder Jnnſeßen einnemen be‐ hauſen noch wider ſy aufenthalten, wo aber das geſchee, ſo ſollen ſolch aufgenommen Lewte ob vnd wann ſy von Jne Jren Erben vnd Nachkommen oder Jren Ambt‐Leüten von Jrenwegen in Zehen oder Zwentzig Jaren nach dem Sy von Jne gewichen oder ab‐ trünig worden weren eruordert werden, Jn fürderlich zu Jren Handen widder gegeben, ausgetrieben vnd von den die ſy eingenommen hetten, lenger nicht aufgehalten‐verſagt, noch fürgeſchoben werden. Wer es aber daß wider diß vorgeſchrieben unſer Gnade vnd Freyheit ichzit beſchern wurde, Es wer mit Ladungen Verkundungen Fürbeiſchungen Urteil ſprechen mit Acht oder mit Anleiten oder wie und in welcher Geſtalt das geſchee, Das alles nemen und tun wir abe von Römiſcher Keyſerlicher Macht Vollkommenheit yet alsdann und dann als yet ⁎⁎ mit

E   dieſem

⁎ Jn die Acht erklären.
⁎⁎ Dieſe Stelle findet ſich in denen Urkunden CCXXXIX‐CCXLII, durch würckliche Beyſpiele, wo die von dem Abbt Johann zu Schwarzach im Jahr 1537 gegen einen angehörigen zu Moos ausgebrachte Ladung von Seiten Baden ein und die Sache zur Handlung und Entſcheidung an das Badiſche Hof‐Gericht gezogen worden iſt.

diesem Brieue vnd meynen setzen vnd wellen, daß das alles genntzlich vnd gar abe vnd crafftlos sein vnd heißen vnd den genannten Marggrauen Iren Erben vnd Nachkommen, noch Iren Dienern, Mannen, Leuten noch den Iren dheinen Schaden deren noch bringen sol in dhein Weiße. Auch wellen Wir von besundern Gnaden, daß die benannten Marggrauen Ir Erben und Nachkommen vnd auch Ir Diener, Manne, Lanntleut vnd die Iren in allen ihren Schloßen, Stetten, Dorffern vnd Gebieten offen Achter, Haußen, Hofen vnd all Gemeinschafft mit Ine haben mugen, doch ob solch Achter in solchen Sloßen, Stetten, Dorffern, Landen oder Gebieten angefallen wurden, daß mann dann den Anfallern Rechts von Ihne gestatten vnd helfen sol onuertziehen alsdann von Achtern billich vnd von Rechts wegen zu gestatten und zu helffen ist, Als offt aber solch Achter in die jtzt genannten Sloßen, Stette, Dorffer, Lande vnd Gebiete vnd wider daraus kommen, das sy Niemannts angefallen hat, so sollen des die genannten Marggrauen Ir Erben und Nachkommen vnd alle die Iren auch Ir Diener Manne vnd die Iren on alle Ansprach vnd on Entgeltnuß sein vnd bleiben von aller menniclich. Vnd Wir gebieten darumb allen vnd iglichen Fürsten Geistlichen vnd weltlichen, Grauen, Freyen, Herren, Rittern, Knechten, Hoffrichtern, Lanntrichtern, Richtern, Ambtleuten, Schultheißen, Burgermeistern, Reten, Burgern vnd Gemeinden, vnd sunst allen andern vnnsern vnd des Reichs Vnndertrhanen vnd Getrewen in was Wirden Statts oder Weßens die sein von obgemelter Römischer Keiserlicher Macht Vollkommenheit Ernstlich vnd vesticlich mit diesem Brieue, daß sy die vorgenannten Marggrauen Ir Erben vnd Nachkommen vnd all die Iren bey den vorgeschrieben vnnsern Gnaden vnd Freiheiten hannthabent schirment vnd geruelich beleeben laßen. Als lieb Ine vnd einem yeden sey Vnnser vnd des Reichs schwere Ungnade zu uermeiden vnd bey Verliesung Hundert Marck lötigs Goldes die ein yglicher der dowider tette als offt das geschiehet zu einer rechten Pene verfallen sein soll halb in Vnnser vnd des Reichs Cammer vnd den andern halben Theil den genannten Marggrauen Iren Erben und Nachkommen vnableßlich zu betzalen, mit Vrkund diß Brieues besiegelt mit vnnßer Keiserlichen Mayestat anhangundem Innsigel. Geben in Vanser Statt Franncffort am Meyne am Dinstag vor Sand Symons vnd Jude Tag nach Cristi Geburde Viertzehenhundert vnd im fünff vnd sibentzigsten vnnsser Reiche des Römischen im Sechs vnd Dreyßigsten, des Kayserthums im Vier vnnd Zweintzigsten, vnd des Hungrischen im sibenntzehenden Iaren

(L.S.)

         Ad Mandatum pprium.
          Domini Imperat.

Beylage XCII.

Kayserliche Cammer-Gerichts Urthel die Insinuation des Marggrävlich Badischen Privilegii de non evocando vom Jahr 1475 betreffend.

Mercurii 13ten Dec. 1676.

In Sachen begehrter Insinuation vorgebrachten Kayserlichen Privilegii sori wegen Herrn Friedrichen, und Herrn Wilhelmen, Marggraven zu Baden, den 19ten Februarii anno 1673. durch Dr. R. und Lt. W. judicialiter beschehen, ist selbige jedoch vorbehaltlich des heiligen Reichs Ober- und Gerechtigkeit, auch jedermänniglliches Interesse und Einrede dagegen jederzeit vorzubringen, so viel Recht und der Buchstäbliche Innhalt in sich begreift, hiermit angenommen.

Beylage XCIII.

Kayserliche Cammergerichts Urkunde, die Insinuation der Marggrävlich Badischen Privilegien betreffend, de dato Wetzlar, den 23ten Decembris 1772.

Wir Joseph der andere von Gottes Gnaden, Römischer Kayser, zu allen Zeiten Mehrer des Reichs in Germanien und zu Jerusalem König, Mitregent, und Erb-Thronfolger der Königreiche Ungarn, Böheim, Dalmatien, Croatien und Sclavonien, Erzherzog zu Oesterreich, Herzog zu Burgund und zu Lothringen, Großherzog zu Toscana, Großfürst zu Siebenbürgen, Herzog zu Mayland, Baar ꝛc. ꝛc. Grav zu Habspurg, Flandern und Tyrol ꝛc. ꝛc.

Bekennen und thun kund jedermänniglichen mit diesem Unserm Kayserlichen offenen Brief bezeugend, daß an Unserem Kayserlichen Cammer-Gericht an heut zu End gesetzten Dato unter mehr anderen auch diese hernach beschriebenen Inhalts Urtheil eröfnet und publiciret worden.

Tenor Sententiæ.

In Sachen die Insinuation der, dem Marggrävlichen Hauß Baden ertheilten Kayserlichen Privilegien betreffend, ist die durch Licentiat Brandt unterm 10ten dieses extrajudicialiter übergebene Supplica ad Acta zu registriren verordnet. darauf die von demselben Namens Herrn Carl Friederichs Marggraven zu Baden begehrte Urkund der wegen an diesem Kayserlichen Cammergericht bereits angenommenen Insinuation den 13ten December 1676. ergangenen Urthel verstattet, wie auch die Zurücknehmung des unterm 16ten November jüngsthin producirten Originalis Privilegiorum zugelassen.

In Urkund dessen ist gegenwärtiger mit Unserem Kayserlichen Insiegel bekräftigter Schein ausgefertiget und mitgetheilet worden.

Geben in Unserer und des heiligen Reichs Stadt Wetzlar den drey und zwanzigsten Tag Monats Decembris nach Christi Unseres lieben Herrn Geburt im Siebenzehen hundert zwey und Siebenzigsten Jahr Unserer Reiche, des Römischen im neunten.

Ad Mandatum Domini
Electi Imperatoris proprium.

Friederich Wilhelm Ruding, Lt.
Kayserl. Cammergerichts Canzley-Verwalter.

Hermann Theodor Moritz Hoscher,
Kayserlicher Cammergerichts Protonotarius.

Beylage XCIV.

Summarischer Extract offgesuchter Probationen, den Erb-Schirm und andere des Hochfürstlichen Hauses Baden habende Jurisdictionalien zu Schwarzach betreffend.

Landesfürstliche Casten-Vogt.
Schutz und Schirm betreffend . . . Fol. 2.
Mandata . . . Fol. 9 b.
Ordnung Gebott und Verbott . . . Fol. 13. c.

Male-

* Die Samlung derer in diesem Archival-Verzeichniß bemerckter Urkunden, scheinet bey Gelegenheit der von dem Abbt Johann Caspar im Jahr 1585 begonnenen Widersetzlichkeit und angezettelten Mandats-Klage, veranstaltet zu seyn. Nachdeme aber der Convent in der Folge an sothanem Beginnen keinen Theil genommen, vielmehr laut hiernachfolgender Beylage XCV. der Klage feyerlichst widersprochen, ja der klagende Abbt selbst laut der Beylage XCVI. der Klage entsaget, und endlich gar die Abtey verlassen hat, dessen Nachfolgere aber bis auf das Jahr 1721. sich keinen Gedancken der Unmittelbarkeit haben zu Sinne steigen lassen, so ist obige Sammlung dadurch u. braucht liegen geblieben. Und die unglückliche Französische Einäscherung der Stadt Baden, des Fürstlichen Schlosses und Archivs im Jahr 1688 (vid. das Leben Marggrav Ludwig Wilhelms zu Baden ed. 1695. p.75.) hat jene Samlung zerstreuet, wo nicht gar die meisten Urkunden vernichtet, dergestalt, daß nichts als die Archival-Verzeichniß sothaner Samlung, wie sie hier vorlieget, übrig geblieben ist. (Siehe die Beylage XCVII.) Was sich Stückweise davon verfindet, und in dieser Urkunden-Sammlung erscheinet, lehret ins dessen den Finger Gottes, welcher der gerechten Sache beystehet, deutlich erkennen. Denn daß nach jenem Reichskundigen, in einem allgemeinen Reichskrieg erlittenen Unglück diese Archival-Consignation und die ungefähr vorfindliche Abschriften einiger darinn enthaltenen Urkunden denen Originalien gleich gelten müssen, ist eine unbestrittene Warheit. LAUTERBACH colleg. theor. pract. lib. XXII. tit. 4 § 58 MEVIUS. P. II. decis. 283 p 190. DE LEYSER medit. ad Pand. spec. 282. med. 9. 10.

Beylage XCIV.

Malefitz	•	•	•	•	•	•	Fol. 17. d.
Appellationen	•	•	•	•	•	•	Fol. 21. e.
Steuren	•	•	•	•	•	•	Fol. 23. f.
Schatzung	•	•	•	•	•	•	Fol. 25. g.
Kayser	•	•	•	•	•	•	Fol. 29. g.
Ungelt	•	•	•	•	•	•	Fol. 31. h.
Gemeine Beylagen	•	•	•	•	•	•	Fol. 33.
Frohnd	•	•	•	•	•	•	Fol. 35.

Lands-Fürsten.
Casten-Vogt, Schutz-und Schirm-Herren betreffend.

A.

No. 1. Ein Revers S. Hieronimi Reysen, über den Verkauf eines Reeb-Hofs, darinnen Abt und Convent Marggrav Philippsen zu Baaden, des Closters Schirm-Herren Casten-Vogt und Landts-Fürsten erkennen und nennen, in originali, und Anno 1525. lit. E. 1.

Nro. 2. Acta Johann Abbts zu Schwarzach und mit Abbts Martin Handen geschrieben wieder etliche Dörfer in der Herrschaft Lichtenberg darinnen articuliret würdet, daß Schwarzach im Fürstenthum, Schirm und Geleit der Marggraffschafft Baaden und Bistum Strasburg gelegen seye. Lit. A. anno 1527.

Nro. 3. Das Schreiben (bey Steuer N. 52.) als der Bischoff zu Strasburg die Contribution fordert, und der Abt bekennet, daß Schwarzach in der Marggraffen Regalien Fürstenthum, Casten-Vogtey und Schirm ohne Mittel gelegen und gehörig sey Anno 30. fig. NB.

Nro. 4. Ortenauischer Vertrag Anno 1530.

Nro. 5. Confirmation desselben, darinnen Kayser Carlin das Schirms-Verwante Closter Schwarzach, und nemlich (Er. Lb. Schirms-Verwannten Closter Schwarzach) meldet und nennet, fig. M. beyde Num. 496.

Nro. 6. Copey einer Supplication, darinnen Abbt Johann Guetbrot bittet, dieweil er des Closters Privilegia und Freyheiten handzuhaben zu schwach, daß die verordnete Vormundschaft, an der unmündigen Fürsten als des Closters Schirm-Herren statt ihnen wollen Beystand thon, Anno 45 Lit. N. 1.

Nro. 7. Ein Supplication Abbt Martins, darinnen der Marggräfliche Schirm und hohe Obrigkeit gemeldet würdet, daß solche an Lichtenberg Gräntz. Lit. M. 1. Anno 49.

Nro. 8. Copey eines Verkauff-Brieffs etlicher Zehenden, darinnen Abbt und Convent den Marggraven ihren Schutz- und Schirm-Herren erkennen und nennen. Anno 54. Lit. O. 1.

Nro. 9.

Nro. 9. Ein Revers darinnen Abbt und Convent den Marggraven ihren Schirmherren, Casten-Vogt und Lands-Fürsten nennen und erkennen. Num. 405. in origin. anno 1565. &c.

Nro. 10. Ein Vertrag in Originali zwischen den Schwarzachischen Dörffern, Greffern, Ulm und Hunden und den Hanauischen Lichtenbergischen Unterthanen zu Trueßenheim, welchermaßen dieselbige von wegen der Otten Landesfürstlicher Obrigkeit und Schirms Gerechtigkeit durch darzu Fürstlich verordnete Herren Räthe, ihrer Spenn halber verglichen worden. Anno 1563. lit. P. 1.

Nro. 11. Ein Original-Schreiben Kayser Ferdinandi, welchermaßen ihr Majestät Marggraven Philiberten rc. ersuchen Haansen Königen des Gotteshauß Schwarzach angehörigen Hanns Rheinfrieden daselbst mit einem Glaß uff den Kopff gestoßen und dermaßen verwundet, also daß er sterben müßen, und er deßwegen entwichen, wiederum zu Weib und Kindern einkommen zu laßen.

Nro. 12. Erkundigung disfalls Marggrave Philiberten beim Abbt.

Nro. 13. Und wie alsbald Ihre Fürstliche Gnaden Hochlobseelicher Gedächtnis darauf durch ein offen Patent desphalben Befehl gethan.

Nro. 14. Welchergestalten die Deputirte des Schwäbischen Creys-Stände, Räthe zu der Inquisition der Moderation und Reichs-Matricul verordnet Anno 71. schreiben und zu wißen begehren, ob das Closter Schwarzach dem Fürstenthum der Marggravschafft Baaden incorporiret und ob es Margarave Carlin rc. oder meinem gnädigen Fürsten und Herrn Marggrave Philippsen zuständig.

Nro. 15. Antwort darauf, daß es dem Fürstenthum der Marggravschaffe Baaden ohne Mittel incorporiret auch in deßelben Hoheit, Geleit und Oberkeit liege, und vor unverdächtlichen Jaren hero, gleich anderen Clöstern, als ein Mitstand und Pertinenz der Marggravschaft, Steuer, Schazung und andern Contributiones erlege und gebe, darbey es beruhet. Sig. R. &c.

Nro. 16. Ein Original, als der Abbt zu Schwarzach Anno &c. 61. gebetten, uff des Closters Unterthanen Wein-Umgeld zu legen;

Nro. 17. Darauf gemelter beantwurt worden obnangesehen die Schwarzachische Dörfern dem Fürstenthum der Margaravschaffe Baaden zugehörig, auch die jederzeit regierende Fürsten zu Baaden vermög Dero habenden Regals, alle hohe Obrigkeit und Jurisdiction und was demselben anhängig zu dem Umgeld anzulegen; Doch daß auf Wiederrufen und einem Revers solches bewilligt seyn solle Sig. P.

Num. 406.

Nro 18. Abt der Schwarzachischen Unterthanen den Marggrauen rc. Und weßen sich ein Abbt welters verpflichten müßen.

Nro. 19. Hanß Caspar Knoders Bestallung.

Nro. 20. Wie Abbt Martin um gnädige Bewilligung zur Prälatur Schuttern bittet samt einer Abred und Bestellung.

Nro. 21. Revers Adam Hünerers in Originali Anno 65. ꝛc.

Nota. War Kloster-Schafner zu Schwarzach und nachher zu Straßburg.

Mandata.

D.

Nro. 22. Welchermaßen ein Mandat in den Schwarzachischen Schirms angehörigen Dörfern offentlich verkündt und angenommen worden, uff Sontag nach Jacobi apostoli anno 39. belangen, auch das Wildpret und anderes betreffen. sig. Q.

Nro. 23. Copey eines Mandats, das Wildpret schießen, jagen, fahen, hezen und dergleichen betreffen, Dabey Copey außgegangenen Befehls. Anno 41. sig. B. S.

Nro. 24. Ein Mandat, die Türken-Anlaag Anno 42. betreffend, darbey Abbt Martins Handschrifft und Copey Befehls alß solches durch den Vogt zu Stollhoffen allen und jeden Schirms-Verwannten, Unterthanen und angehörigen geistlichen und weltlichen Stands auch verkündt zu werden, befohlen. Sig. S. F.

Nro. 25. Ein Schreiben von Fürstlicher Vermundschafft zu Baaden, dabey ein Mandat gebunden, welchermaßen daßelbig durch den Vogt zu Stollhoffen, in des Closters Schwarzach Schirms-Verwannten, Dörfern als Landesfürstl. Mandat verkündt und angeschlagen worden, beyde in Originali. Uff dem Mandat eines Abbts Handschrifft, daß solches den 17. Febr. Anno 44. promulgiret worden. Sig. A. D.

Nro. 26. Ein Mandat die garrend und hin und wieder schweifende Knechte zu Roß und Fuß belangend, und daß keiner Volck in andere Nationen führen solle, so zu Schwarzach publicirt den 9ten Februarii Anno Lvj Sig. E. S.

Nro. 27. Copia zweyer Mandaten und Außschreiben das Wildpret schießen, hezen und anders Forstlicher Obrigkeit halber bey hoher Straff verboden: Deßgleichen daß keiner bey Leib- und Geld-Straff einigem Herren ohne Erlaubung aus dem Land ziehen solle. Publicirt zu Schwarzach uff Sonntag Trinitatis den 13ten Junii Anno 57. Sig. F. S.

Nro. 28. Copey eines Außschreibens von Marggrave Philippsen ꝛc. samt einem Original-Befehl, welchermaßen dem Vogt zu Stollhoffen ufferlegt wor-

worden, ihme überschickte Gebott und Mandata, des Gotteshaus Schirms angehörigen Unterthanen auch zu verkünden.

Und er sich mit dem Abbt eines Tags der Publication halber vergleichen wölle, damit er von wegen Seiner Fürstlichen Gnaden als des Schirm-Herren und Landsfürsten dabey seyn möge. Anno &c. &c. &c. Lit. G. 5.

Ordnungen
Gebott und Verbott.

C.

Nro. 29. Drey alte Ordnungen, rollweis zusammen gebunden, welchermaßen bey Weyland Marggraffen Carlin, Hochlobseeligen Gedächtnis Abbt und Convent auch dem Schaffner deßelben Closters ein Ordnung vorgeschrieben und gegeben worden, darunter die eine versiegelt und recht Original Annis 1472. und 1476. Sig. h. 5.

Nro. 30. Ein Original Fürstlicher Marggräflicher Lands Erb-Ordnung, welchergestalt solche in allen des Gottshauß, Flecken und Gerichten publicirt und angenommen worden; in halb braun Leder eingebunden Anno 28.

Nro. 31. Ein Supplication samt darauf gegebenen Befehl, daß der Abbt zu Schwarzach Von Jacoben daselbsten der Thurn Straff erlaßen solle. Anno 1533. Lit. M. 5.

Nro. 32. Ein Befehl in Originali welchermaßen durch den Vogt zu Stollhoffen in den Schwarzachischen Schirms angehörigen Dörffern verkündt worden, die seltsame Lauff- und Kriegs-Empörungen Anno 36. Lit. N. 5.

Nro. 33. Ein Ausschreiben allerhand sorgliche Läuffe betreffend mit Befehl, daß jedwedern Orts Unterthonen in Amptenn mit soviel Persohnen, die auf den Fall zur Nottrufft zu gebrauchen mit ihren Gewöhren und Büchsen gerüst seyn sollen. Lit. NB. 5. & Anno 36.

Nro. 34. Ein Original welchergestalt Fürstl. Erb-Ordnung nach, die Einkindschafften uffgericht, und confirmirt werden. Anno 1565. Lit. J. 5.

Nro. 35. Copey welchermaßen Bechtold Trost Gotteshauß Unterthan und Marggrävischer Schirms angehöriger zu Greffen seine Haußfraw auf etliche seiner Güter bewidmet: Innhalt Marggräulischer Lands-Erb-Ordnung. Lit. K. 5.

Nro. 36. Welchermaßen den Schwarzachischen Unterthanen gebotten worden hinfüro mit den Hochzeit und Kirchweyhen sich eingezogener zu halten. Bey Straff ꝛc. lb ħr Anno 64. Lit. L. 5.

Nro. 37.

Beylage XCIV.

Nro. 37. Der Original-Beuelch Marggrave Philippsen Anno 25. Daß die Gemeind zu Schwarzach die vertriebene Abbt und Convent daselbst wieder in das Closter kommen laßen sollen.

Nro. 38. Was Kayf. Mayest. ausgekündte Reichs-Policey-Ordnung belangt, Anno 49. ist solche in das Gotteshauß Schwarzach angehörigen Dörffern vermög Ausschreiben Buchs bey Fürstl. Cantzley mit publiciret worden.

Malefitz.

D.

Nro. 39. Ein Missiv in Originali, welchergestalt des Gotteshauß Schwartzach Leibeigener Danthel Reintried, verwürckten Friedbruchs halben, und daß er wider die Marggrävisch Landes Ordnung gehandlet, begnadiget worden und zwanzig Gulden zur Straff erlegen müßen, halb dem Marggrauen, und halb dem Abbt. Anno. 31. Lit. O. 5.

Nro. 40. Ein Missiv in Originali, welchergestalt Urban Kleffer von Ulm, seines unbefugten Grabenschrotens und ausreittens halb, aus der Gefängnuß Schwarzach gehn Stollhoffen abgeholt worden. Anno 49. Lit. P. 5.

Nro. 41. Schrifften, welchermaßen etliche des Closters Unterthanen, verwürckten Wildpret schleßens halber, von Vögten zu Bühl und Stollhoffen zum Theil gegen Baaden, theils gegen Stollhoffen gefänglich gelifert worden. Anno 63. Lit. R. 5.

Nro. 42. Martin Haberbeckern, so zu Stollhoffen gericht worden, dieser hat dem Abbt zu Schwarzach, als er sein Cämmerling gewesen, viel gestohlen, ist gegen Stollhoffen ins Gefängnüs gelifert worden, Anno 68. Lit. Q. 5.

Nro. 43. Anno 1493. ist das Gericht zu Stollhoffen von Abbt und Convent des Gotteshauß Schwarzach Marggrave Christophen Kauffs zugestellt worden mit allen seinen anhängigen Obrigkeit, Herrlichkeiten, Rechten, Nutzen und Zugehörden, immer und ewig.

Dieser Brief besaget auch, daß das Saal-Gericht zu Schwarzach, hievor mit einem Schultheißen zu Stollhoffen besetzt worden, aber nun fürohin verglichen, daß es von Schultheiß und Richteren zu Schwarzach oder desselben Dörffern besetzt werden solle. Wie auch diejenige zu Stollhoffen, so in Sant Peters Tauff zu Schwarzach getauft worden daselbst vor dem Saal-Gericht ihre Sachen auszutragen und Jahrs zu etlichen Gerichts-Tagen zu erscheinen verbunden gewesen, welches hinfüro todt und ab.

Appel-

Beylage XCIV.

Appellationes.

E.

Nro. 44. Ein Appellation von dem Saal-Gericht zu Schwarzach an das Fürstliche Hof-Gericht gen Baden, anbracht Samstags post reminiscere Anno 18. Num. 1.

Nro. 45. Aber ein Appellation von bemelten Saal-Gericht an das Fürstliche Hofgericht Annis 23. 25. 3. 38. Num. 3.

Nro. 46. v. Zusammen gebundene Appellationes von bemelten Saal-Gericht an das Hochfürstliche Hoff-Gericht. Annis 23. 25. 3. 38. Num. 3.

Nro. 47. Welchermaßen Abbt Johann Guetbrodt und die Schirms angehörige Schultheiß, Vierleüth und Gemeind zu Ulm bey Lichtenau, in Sachen Rotweillischer Weisung für das Fürstliche Hof-Gericht citirt und allda entschieden worden. Anno 33. Num. 4.

Nro. 48. Welchermaßen die von Bimbuch des Closters Leibs angehörige gegen den Marggrävischen Unterthanen zu Steinbach und Stollhoffen eines Waydgangs halben, vor Fürstlichem Hofgericht entschalden worden. Anno 22. und 35. Num. 5.

Nro. 49. Ein Citation und Acta, welchermaßen Abbt Johann Guetbrodt wieder Ambrosium Pheber, etlicher Jrrungen halber für das Fürstl. Hof-Gericht gen Baden geheischen Anno. 39. Num. 6.

Nro. 50. Ein Missiv in Originali, als Abbt Martin zu Schwarzach befohlen worden, Velten Gpfrieden zu Ulm Crn den Juden zu Trebenheim biß zu gütlicher Handlung und Vergleichung der Fürstlichen Hof-Gericht ohnangesehen von dem Juden erlangter Aucht, hierzwischen ohn ausgetrieben zu laßen. Lit. E.

Steüer.

S.

Nro. 51. Ein Supplication, darinnen Abbt und Convent sich beclagen, des geforderten Steüer-Geldes halben, vom Bischoff zu Straßburg, bitten um Rath. Anno 28. Num. 10.

Nro. 52. Abermals eine Supplication, darinnen Abbt und Convent sich beclagen der geforderten Kayserl. Contribution vom Bischoff zu Straßburg, samt einem Schreiben an gedachten Bischoff, darinnen der Abt bekennet, daß Schwarzach in der Marggraven Regalien, Fürstenthum, Casten-Vogtey und Schirm ohne Mittel gelegen und gehörig Anno 30. Sig. Lit. NB. aureis Litteris.

Scha-

Schatzung.

G.

Nro. 53. Ein Schatz-Register, welchermaßen des Closter Schwartzachs Schirms angehörige Leuth in Dörfern Ulm, Schwartzach, Greiffern, Mooß und Hildmannsfeld ein jeder laut der Ordnung und Mandats sich selber verschätzt. Num. 12.

Nro. 54. Ein Supplication, darinnen Abbt und Convent zu Schwartzach unterthänig bitten, ihnen ufferlegt Hülff-Geld wieder den Türcken etwas zu ringern oder zu bewilligen, uff die Unterthanen Geld zu schlagen, Anno 29. Num. 13.

Nro. 55. Handschrifft Herrn Abbts zu Schwartzach von wegen y. c. Gulden, so Er an der Kayserl. Contribution zu Erhaltung des Kriegs-Volcks wieder den Türcken in ein Gemein Trüchlein erlegt Anno 42. Num. 14.

Nro. 56. Copey eines gemeinen Ausschreibens, welchermaßen Geist- und Weltlich und sonderlich Schwartzach und Herrenalb, als Schirms Angehörige von der Vormundschafft Baaden, uff ein Landtag beschrieben worden. Anno 42. Num. 15.

Nro. 57. Ein Mandat an alle des Fürstenthums der Marggravschafft Baaden Schirms angehörige Prälaten, Aebbt, Abbtissin auch andere geistliche und weltliche Unterthanen die Türken-Anlag betreffend. Anno 42.

Nro. 58. Ein Schatz-Register, und des Abbts eigene Handschrifft, bewilligter vierjähriger Contribution Kayf. Mayest. daran das Closter Schwartzach seinem Lands-Fürsten uff Begehren — Gulden erleget A⟨nn⟩o 67. Num. 16. vid. Landschrbrey-Rechnungen.

Die mögen 200 fl. aus Gnaden nachgelaßen seyn, dann in den Landschreiberey Rechnungen mit 800. gefunden worden.

Nro. 59. Ein Ausschreiben Zehenjähriger Schatzung des Fürstenthums der Ober-Marggravschafft Baaden, Schirms angehörigen Dörfern und sonst allen desselben Beamten zugeschrieben werden Sonntags nach Bartholomæi Anno 1567. Num. 17.

Nro. 60. Diese Schatzung so in Anno. 59. zum erstenmal angelegt worden, hat sich uff Georgy Anno 68. geendet, uff ein neues wiederum von gemeiner Landschafft und Schirms angehörigen Schwartzachischen Unterthanen darinn begriffen, Zehen Jahr lang bewilliget worden.

Nota. Gemelte Schatzung von Schirms-Verwannten Schwartzachischen, wird vermög der Obereinnemer zu Stollhoffen Rechnungen und Auszug bey Fürstlicher Cantzley Baaden eingezogen, gesamlet und verrechnet. Vid. gedachte Rechnung ab Anno. 59. bis jetzo.

Nro. 61. Der Vertrag der Landschafft des Fürstenthums der Marggravschafft Baaden Unterthanen ꝛc. Anno 1558.

Nro. 62. Na. Als in Anno 1530. das Closter Schwarzach bewilligter Türken-Hülff, oder Rüst-Geld Fünffhundert Gulden zu seiner Gebühr erlegt, vid. die Landschreiberey-Rechnungen Anno 1529. angefangen.

Raysen.

♄.

Nro. 63. Ein Verzeichnis, welchermaßen im Schweizer Krieg, Anno 1499. des Rayß-Costens halb mit dem Abbt zu Schwarzach übereinkommen, wie auch andern Schirms-Verwandten Clöstern und zu des Gottshauß Gebühr 60. fl. erlegt worden, Num. 4. über 80. fl. so daßelbe uff Fuß-Knecht und Wägen vermög angeregter Verzeichnus ausgelegt.

Nro. 64. Als in Anno 1503. in Dörffern Schwarzach, Greffern und Moß alle dem Marggräflich Schirm angehörig, etlich Persohnen mit uffgelegter Wehren, uffgemahnt worden. Num. 2.

Nro. 65. Welchermaßen in Anno 1516. in Dörffern Schwarzach, Balzhoven, Hunden, etliche Schirms angehörige Unterthanen zu Raysen ausgewöhlt worden. Num. 1.

Nro. 66. Welchergestalt nochmalen in berürts Closters Schirms angehörigen Dörffern Balzhoven, Henckhurst, Zell, etlich uffgemahnt worden. Anno 45. Sig. Q.

Umgeldt.

Nro. 67. Die Schirms angehörige zu Schwarzach und in des Closters Dörffern geben auch Wein Umgeld, so durch ein Ober-Innemer zu Stollhofen jederzeit uff bestimmten Tag in jedem Ort erhoben würde: vid. Rechnungen und Auszug bey Fürstlicher Canzley Baden. Von Anno 59. 60. bis jetzo.

Nota. Die Aebbte zu Schwarzach dörfen uff des Closters Unterthanen ohne sondere Bewilligung kein Wein Umgeldt schlagen, welches ihnen dann zu Zeiten und nach Gelegenheit der Jahrgäng uff ein gewiße Jar acht von des Gottshauß Unterthanen zu fordern gnädiglichen gegonnt würde, doch uff ein Revers.

Nro. 68. Das Schreiben im Bund A. Sig. P.

Beylage XCIV.

Gemeine Beylagen.

Nro. 69. Ein Büschelen darinnen, wie in der Bäurischen Ufruhr Abbt und Convent zu Schwarzach gnädige Hülff geleistet worden.

Nro. 70. Bevelch in Originali, daß die Gemeind zu Schwarzach, die vertriebene Abbt und Convent wieder in das Closter kommen laßen sollen. Anno 25. Num. 404.

Nro. 71. Welchermaßen nach der Election eines Abbts zu Schwarzach Fürstliche Herren Räthe und des Gotteshauß Dienern verehrt worden.

Nro. 72. Was der Vogt zu Stollhoffen Georg von Bern, nach Absterben Abbt Johannßen in gedachtem Gottshauß als bald für Bestellung gethan.

Nro. 73. Des Groß-Kellers Supplication an der Vormundschafft verordnete Herren Räthe Anno. 48.

Nro. 74. Ein Original-Schreiben Abbt Conrads darinnen er bekennet, daß der Marggraff nichts an ihnen gesinnen dörffe, sondern ihme zu gebieten habe. Anno 17.

Nro. 75. Ein Original und Copey übergebener Reversen Abbts zu Schwarzach, als sie von Bischoff zu Speyer investirt worden. Num. 402.

Nro. 76. Ein Schreiben in Originali als die Convent-Brüder zu Schwarzach dem Fürstlichen Regiment zu Baden die Wahl verkünden zu einem künfftigen Abbt. Anno 1514. Sig. F.

Frohnd.

Nro. 77. Von den Schirms angehörigen zu Schwarzach ist der Frohndhalber nichts vorhanden.*

---

* Vermuthlich weilen solche außer Streit waren.

Beylage XCV.

Notarial-Instrument, wodurch der Convent zu Schwarzach mit des Closters angehörigen Unterfaßen dem Proceß wegen der Wochen-Märckte zu Lichtenau und der Marggrävlich Badischen Landeshoheit widerspricht, und davon abstehet.

(Jahr 1585.)

In Gottes Namen Amen, Kundt vnnd wißendt sey Männigelich, durch diß gegenwertig Offen Instrument, das alß mahl zahlt, Nach Christi vnsers lieben Herrn vnnd Seeligmachers Geburth Funfzehenhundert Achtzig vnnd Fünf Jahr, der Römer Zinnß Zahl Indictio genant Dreyzehen, Auf Mittwoch den letzten Julii Novo Stylo, zwischen Vier vnd fünf Uhren, Nachmittem Tag, Herschung vnnd Regierung, deß aller Durchleuchtigsten Großmechtigsten Fürsten vnnd Herrens, Herrn Rudolphen des Anndern Römischen Kayßers, zu allen Zeyten, mehrer des Reichs In Germanien, zu Hungern, Behem, Dalmatien, Croatien vnnd Sclavonien ꝛc. Königs, Ertzherzogen zu Oesterreich, Herzog zue Burgundi, Steyr, Kärndten, Crain vnnd Württemberg ꝛc. Grauen zu Tyrol. Vnsers allergnedigsten Herrns seyner Mayestätt Reyche des Römischen im Zehenden Vnnd des Bohemischen Im Zehenden, des Hungarischen Im Dreyzehenden Jahr, In dem Gottshauß Schwarzach Straßburger Bistums daselbsten in der alten Abbtey vor mir essenbaren Notarien vnnd glaubwürdigen Nachgeschribnen Gezeügen Inn Namen vnnd von wegen, deß Durchleüchtigen Hochgebornen Fürsten vnnd Herrns, Herrn Philippsen Marggrauen zue Baden vnnd Hochberg, Grauen zue Spanheim vnd Eberstein, Herrn zu Lahr vnnd Malberg ꝛc. Meines gnedigen Herrens Persönlich erschienen seyn, die Ernuesten vnd Fürnemmen Wolffgang Schwindel vermeltes Gotteshauß Schwarzach Schaffner vnnd Martin Kolb, des Dorff Schwarzach Schultheiß, vnnd stellten für mich, vnd hernach genannte Gezeügen, die würdigen vnd Anbächtigen Herrn Johannem Steer vnnd Jergen Dolgern gemeltes Closters Schwarzachs Conuentuales mit Erzehlung, Nachdem der Erwürd vnnd Anbechtig, Herr Johann Caspar Abt gedachts Closters Schwarzach, Am Kepserlichen Camer-Gericht zue Speyr, Ain Mandat wider Hocherdachten meinen gnedigen Fürsten vnnd Herrn, Marggrauen Philippsen Außgebracht, In welchem Mandat, Beneben Ime Herrn Abbt, Auch der ganz Conuent, deß Gottshauß Schwarzach Supplicirt zu haben begriffen, welches von Wort zue Wort also verlautet, „Wir Rudolph der Annder von Gottes Gnaden Erwölter Römischer Kayßer, zu allen Zeyten mehrer deß Reichs in Germa-
„ nien, zu Hungarn, Beheimb, Dalmatien, Croatien, vnnd Sclavonien ꝛc. Kö-
„ nig, Ertzherzog zu Oesterreich, Herzog zue Burgundi, Steyr, Kärnten, Crain
„ vnnd Wirtemberg ꝛc. Graue zu Tyroll ꝛc. Entbieten dem Hochgebornen Philipsen
„ Marggrauen zu Baden vnnd Grauen zu Spanheim, Vnnserm Lieben Vettern,
„ vnnd Fürsten, Vnnßer gnadt, vnnd alles guets. Hochgeborner Lieber Vetter vnd
„ Fürst, Vnnserm Kayserlichem Cammer-Gericht hat der Erßam Vnnser lieber An-
„ dechtiger Johann Caspar Postulirter vnnd confirmirter Abbt, Auch ganz Conuent,
„ des Gottshauß Schwarzach supplicirendt vorbringen, wiewol nicht allein in geist-
„ lichen und weltlichen Rechten, sonndern auch in des heiligen Reichs Ordnungen
„ vnnd Abschieden, zu Handhabung Friedens, ernstlich gebotten, und heilsamlich ver-
„ sehen, das kheiner was Würden oder Standes der seye einem andern Apgens Gewalts

Beylage XCV.

„ walts ohnerlangt Rechtens, des seinen endtsezen wider rechtliche Gebott, vnnd Ver-
„ bott in eines Annderen Jurisdiction vnnd angehörigen Dörfern anlegen. die Vnn-
„ derthanen entziehen, vnd vnderstehe Aigen zu machen, noch auch die freye offentliche
„ Wochenmärckt, verbieten, sondern ein Jeder den Anndern bey dem Seinigen vn-
„ perturbiert verbleiben, vnnd sich ordentlichen gebürlichen Rechtens ersettigen laßen.
„ Wiewol auch das Gottshaus Schwarzach, sampt deßen angehörigen Dörffern,
„ einen regierenden Abbt und Prälaten allein zuständig, D. L. allein Schuz vnd
„ Schirmbherr, daselbsten aber derselben einig Gebott oder Verbott noch einige ann-
„ dere Administration im wehnigsten gebürte, So hette doch D. L. sich gelusten laßen,
„ durch derselben heimgelaßene Räth vnd Beamte des Gottshauß Vnderthonen in
„ Dreyzehen Dorffern bey hoher Straff ernstlich zu verbieten das Kheiner zu Lichtenau
„ Hanawischer Obrigkhait, welches Ort Jnen am gelegnesten, noch an andern dersel-
„ ben Orttern, die freye offentliche Wochenmärckht mögen besuchen, dahin was ver-
„ kauffen noch khauffen, vnd da einer selch Gebott zum Anndern mahl würde über-
„ tretten, sollt derselb alßdann an Leib gestrafft vnnd des Lannds verwiesen werden,
„ dieweil aber solch vermeint Verbott dem Vnnderthanen hochbeschwerlich an Jhrer
„ Nahrung hinderlich vnd verderblich, Also das Jeter vil, da demselben durch Rechtl.
„ Mittel, nicht gesteuret würde, von Weib vnd Khind entlauffen müßen, vnd Dr. L
„ schuz vnd schirm wegen, dergleichen Gebott oder Verbott über das Gottshauß
„ Schwarzach, noch deßen Vnderthonen, Kheines wegs gebürte, viel wenigher her-
„ bracht, Auch hierdurch anders nichts gesucht würde dann sich in berürt Gottshauß
„ Schwarzach mit lautterm gewallt einzudringen, daßelbig vnnd deßen Vnderthonen,
„ den Supplicanten zu entziehen, vnnd Dr. L. eigen zu machen, Alles gemeinen Rech-
„ ten, Reichs Ordnungen vnnd Abschieden, genzlich zuwider vnd entgegen, Dero-
„ wegen weil beyde Partheien Vnns vnnd dem Reich ohne Mittel vnderworffen vnnd
„ diß Vnser Kays. Poenal-Mandat vnnd Ladung, wieder D. L. zu erkennen vnnd
„ mitzutheilen, Demuetig Anrueffen vnnd Bitten laßen, wann dann dieselbe Pro-
„ ceß, vnnder Dato diß also erkhendt worden seindt, Also gebietten Wir D. L.
„ vom Rom. Kays. macht bey Poen Acht marckh löttigs gollts halb in Vnnser Kay.
„ Cammer den Anndern halben Theil ermelten Supplicanten vnnachläßlich zu be-
„ zahlen hiemit ernstlich vnd wollen das dieselb den nechsten nach Überandtwortung
„ oder Verkhündung diß Vnnsers Kays. Brieffs, das vermeint Verbott, der nicht
„ Besuchung freyer offentlicher In Hanauischer Obrigkheit Wochenmärckht alß baldt
„ wiederum abschaffe, sich auch dergleichen Gebott vnd Verbott über das Gottshauß
„ Schwarzach vnnd deßen angehörige Vnnderthonen wie auch alles andern vnbilichen
„ Gewalts vnd selbst genommene Administration ferner endthalte, meßige hierinn nicht
„ seumig oder vngehorsam sey, Allso lieb derselben sey obbestimpte Poen zu vermeiden,
„ Daran geschähe vnnsere ernstliche Mainung. Wir haisch vnnd Laden D. L. von
„ berürter Vanser Kays. Macht, Auch Gerichts vnnd Rechts wegen, hiemit, vff den
„ Sieben vnnd Zwainzigstenn Tag, den nechsten nach Überanttwortung oder Ver-
„ khündung diß Brieffs, den Wir derselben Neun vor den ersten, Neun vor den
„ Andern, neun vor den Dritten, letsten vnnd endlichen Rechtstag, sezen vnnd be-
„ nennen peremptorie, oder ob derselbig nicht ein Gerichts-Tag sein würde, den
„ nechsten Gerichts-Tag darnach selbst, oder durch deinen Vollmechtigen Anwaldt,
„ An demselbem Vnnserem Kayserlichen Cammergericht zu erscheinen, glaublich An-
„ zaig vnd Beweiß zu thun, das diesem Vnnserl. Kayserl. Cammer-Gerichts Man-
„ dat, Alles seines Jnnhalts gehorsamlich gelebt sey, oder wo nicht, alßdann zu sehen
„ vnnd zu hören D. Liebden wegen solchen Vngehorsam, in obbestimpte Poen gefallen
„ sein mit Vrthel vnd Recht zu sprechen, vnd zu erclären, oder aber erhebliche Ein-
„ reden, warumb solche Erclerung nicht beschehen soll, Jm Rechten vorzubringen
„ darab vnnsers Keyserl. Cammer-Gerichts entscheidt auszuwarten wann dieselbe
„ khomme vnd erscheine, Alßdann also oder nit, so würdt doch nicht desto wehniger,

„off

„ off bis gehorsamen theills oder seines Anwaldts Anruffen vnnd erfordern hierinnen
„ Im Rechten, mit gemelter erkanntnis, erclerung vnnd anderm gehandlet vnd pro-
„ cedirt, wie sich das seiner Ordnung nachgepürth, darnach wüße dieselb sich zu rich-
„ ten. Geben In Vnnser vnd des Heiligen Reichs Statt Speyr, den drey vnnd
„ Zweintzigsten Tag Monats Junii Nach Christi Vnsers lieben Herrn geburth
„ Funffsiebenhundert vnnd Im Fünff vnd Achtzigsten, Vnnserer Reiche, deß Römi-
„ schen Im Zehenden, des Hungerischen Im Dreyzehenden vnnd des Böheimischen
„ Im Zehenden Jahre, (ad mandatum Domini Electi Imperatoris proprium,
„ Balthasar Schwindt Licentiat Verwalter subscripsit, Andreas Neander, Impe-
„ rialis Camerae Judicii Protonotarius subscripsit." Vnnd dieweill obgemelte
beyde Herrn Conventuales, In gedachtem Mandat auch Jnuerleibt vnnd begriffen,
wehre Jr der producenten vnnd Fürstellenden Jnn namen obbegriffen, An mich den
Notarium fleißigs Bitten, Ich wollte dieselbe beyde Conventuales Berichts weiß
Examiniren vnd verhören, vnnd alßdann Jhr berichten vnnd Außagen zu instrumentiren, vnnd inn glaubwürdige Form zu pringen, Alßdann Jhnen derselben eins, oder
mehr Instrumenta zu machen vnnd soull Jhnen Noth seyn würden zu geben, Hierauf
Ich in Beysein hernach genannter Gezeugen, ein glaubwürdige Copey Obgeschriebnes
Mandats Balden Conventualn, Jedoch ainem nach dem anndern Jnsonderheit vor-
gelesen, vnnd demnach Erstlichen Johannem Scherer; darauff verhört welcher güetlich
Berichts weiß gesagt vnd hab von disem außgebrachten Mandat, Khein Wort gewißt,
auch dem Herrn Abbt nichtzit angebracht, das solches durch Jhne Herrn Abbt oder
Anndere, An dem Keyserlichen Cammer-Gericht außgebracht werden sollt, Seye hin-
derruck Ime, vnnd seines mit Conuentuals geschehen, vnnd tragen Sie ein so groß
Mißgefallen, gegen Jme Herrn Abbt, das Er dem Closter sein Geseff, vnnd einkhommen an ettlichen orten aufhalten thue, der Annder Conuentual Herr Jörg Dellzer genannt, hat obgemeltem seinem Mit-Conuentual Herrn Johann Scherer gleichlautendt gesagt vnnd daß Er gar nicht Zit von disem durch den Herrn Abbt am Kayserlichen Cammer-Gericht, außgebrachtem Mandat gewißt auch weder Rath noch thatt
darzue gethon, Sey alles ohne Jhr der Conventualn, wißen vnnd hinder Ruckhs
geschehen Er der Herr Abbt frag sie auch nicht, was Er jederzeitt widerhochgedachten
Vnsern gnedigen Fürsten vnnd Herrn Als des Closters Erb-Castenuogt Schuz vnd
Schirmherren fürnemme, müßen Es geschehen laßen, Khönten Jhres Theills nit
darfür, Anderst wiß er Conuentual Auf das Außgebracht Mandat nit weiter zu sagen
noch zu berichten, Volgends auf den ersten Tag Augusti zwischen Sechs vnd Sieben
Uhren Vormittagtag Ermelts Fünf vnd Achtzigsten Jahrs Seyn vor mir Notarien
vnnd hernach genannten Gezeugen Obgenannte Beuelchhabere Auf dem Rathauß zue
Schwartzach erschienen vnnd beruffen für sich, Außer den dreyzehen Dörffern die Vn-
derthanen, Nemlich Schwartzach, Ulm, Greffen, vnnd Hilpmannsfelden vnnd
theten vor denselben, Also fürgestelten Gemeinden mundlich fürbringen vnd erzehlen,
Nachdem der Ehrwürdig vnnd Anderchtig Herr Johann Caspar Abbt des Closters
Schwartzach, wider den Durchleuchtigen Hochgebornen Fürsten vnnd Herrn, Herrn
Phillipsen Margraven zue Baden vnnd Hochberg Grauen zu Sponheim vnnd Eber-
stein, Herrn zue Labr vnnd Mahlberg rc. Meinem gnedigen Fürsten vnnd Herrn ein
Poenal-Mandat am Keyserl. Cammer-Gericht zu Speyer vmb Abschaffung angelegter Gebott vnnd Verbotten, das des Gotteshauß Vnderthonen zue Lichtenau Hanauischer Obrigkhait, den außgepracten Wochenmärckt, wider zu besuchen Fug vnnd
Macht hätten außgepracht, hetten Sie die Beuelchhabere ettliche Articul darauff die
Gemeinden der Dreyzehen Dörffer verhört, vnnd befragt sollten werden, Aber daßelbig annderst nicht, dann Perichts weiß mich Notarien Pietlich Anrueffende die jezt
fürgestelte Gemeinden Jn Beysein obgeschriebner hierzue erpetten Gezeügen zu examiniren, vnnd zu verhören, vnnd alßdann solches auch zu instrumentiren vnnd glaubwürdige Form zu pringen, Alßdann Jhnen dauon eins oder mehr derselben Jnstru-
menten

Beylage XCV.

menten mitzutheilen, Also auf solches der Fürstlichen Beuelchhabere, An mich begeren vnd erfordern, hab Ich den vorgenannten Gemeinden der Dörfer Schwarzach, Vlm, Greffern und Hilpmannsfelden In Beiseln hierzu Innsonderheit nach gemelter glaubwürdiger beruffter vnnd erbettener Gezeügen, die Articul und Anzugs-Puncten vorgelesen, vnnd nach Verlesung derselben, Aln jede Gemein Anngezogener Dörfer Innsonderheit examinirt vnnd verhört, welche nach vnnd auf einander Berichts weiß ausgesagt, Inmaßen hernach volgt

Die Articul und Fragstück-Puncten lauten also.

Der Herr Abbt zue Schwarzach, hat an dem Kayf. Cammer-Gericht zue Speier, Ein Mandat ausbracht darinn Er fürgeben vnd geklagt, das mein gnediger Fürst vnd Herr, Herr Marggraff Philipps zue Baden 2c. durch derselben heimgelaßene Räth vnnd Beamte des Gottshauß Vnterthanen In dreyzehen Dörfern bey hober Straf ernstlichen verbotten daß Rheiner in Lichtenau Hanauischer Obrigkhait (welches Ort Innen am gelegensten) noch an Anndern derselben Oerttern die freye offentliche Wochenmärckt soll besuchen, dahin was verkauffen noch kauffen vnd da einer solch Gebott zum andermahl wurde übertretten, solle derselb alsdenn am Leib gestrafft, vnnd des Lannds verwisen werden, Vnnd solch vermeint Gebott seye den Vnnderthanen hochbeschwerlich, vnnd an Ihrer Nahrung hinderlich vnnd verderblich. Also das Ihrer viel Doe, dem nicht gesteürt würde von Weib vnnd Rhindt entlauffen müßen, vnnd das hab vnnserem gnedigen Fürsten vnd Herrn Schutz vnnd Schirms wegen. dergleichen Gebott vnnd Verbott, ober das Gottshauß Schwarzach, noch deßen Vnderthanen, zuthon keinesswegs gebürt, viel weniger hergebracht, auch hierdurch anderst nichts gesucht werde, dann sich in berürt Gottshauß Schwarzach mit lauterm Gewalt einzuetringen, Daßelbig vnd deßen Vnnderthanen, dem Abbt zu endzlichen vnnd Ihrer Fürstl. GGn. aigen zu machen. Diese Articul sollen denn Vnderthanen fürgehalten, vnnd dann weiter befragt werden, Ob jemand der Unterthanen solch Abschaffen Wochenmarckts vnnd das Ihnen derselb angegebener maßen beschwerlichen seye, vnnd sie dadurch von Weib vnnd Kindt entlauffen müßen, dem Abbt klagend hab fürgebracht, vnnd sich etwas darob beschwert, Oder was sich sonsten weitters deßhalben verloffen vnnd zugetragen Ihr gründliche Wißenschafft anzuzaigen.

Volgt ersttlichen die Verhör der Burgermeister, Gericht und Gemeind zue Schwarzach und Hilpmannsfelden, welche auf den 1. 2. 3. vnd 4. Articel Außgesagt vnnd glaubwürdigen Bericht geben, nit Ohne sein, das durch die Beampten zu Schwarzach, Auß Beuelch Ihrer Obrigkhait zu Baden, Inen der Gemeindt zu Schwarzach, verbotten worden das Rheiner hinführo zu Lichtenau Hanauischer Obrigkeit bey hoßer Wochenmarckt bey hoher Straff besuchen soll, welches sie auch biß hieher gehorsamblich geleistet, das aber vermög des 5ten vnd 6ten Articuls Inen den Vnderthonen solchen Marckt zue besuchen, So hoch beschwerlich, vnd an Ihrer Nahrung hinderlich, vnnd verderblich sein soll, das Sie hierdurch von Weib und Khinder entlauffen müesten, das seye nit, hab auch kheiner sich deßen nie beclagt, oder beschwert, Sey auch Ihren kheiner, der was an Früchten oder Annders dahin füere oder gefüert hätte, besuchen solchen Marckh sellten, Aber Ihre Weiber die zu Zeiten Heffen kauffen, dann Sie sich an dem Bühler Marckt, den Sie besuchen genügen laßen, wouer derselbig Marcht Aber Ihnen den Unnterthanen verbotten würde, hetten Sie sich alsdann wol zue beschweren Von dem 7. 8. vnd 9. Articul wißen Sie nichts gewißlich zue bekhundschaften, was des Orts vnserm gnedigen Fürsten vnnd Herrn mit Anlegung gepotten vnd verpotten gebürth habe oder noch gebühre, Auch nach den Articul fürgehalten vnnd befragt werden sollen, Sagen vnnd erholen Sie Ihr Außag, bey dem

5 vnnd

5 vnnd 6. vorgehenden Articuln vnnd das Sie dem Herrn Abbt, hievon gar nichts Clagendt fürgebracht dan Sie sich, darab mit nichten beschwert haben, Sonnsten von Andern Anhang desselben Fragstück's wißen Sie weitters nichts zu berichten.

Ulm vnd Hünden, Ferners sein die Gemaind zu Ulm vnd Hünden, So ein Wesen vnnd Gemain, Auf die Articul befragt worden, vnnd erstlich auf den Ersten 2. 3. u. 4ten Articul, die sagen nit ohne sein, das die beampten zu Schwartzach, auß Beuelch Fürstlicher Marggräuischer Heimgelaßenen Räthen, Inen die Vnnderthanen gebotten vnnd verbotten worden den Neuenn außgebrachten Hanauischen Wochenmarckt zu Lichtenau zue besuchen dem Sie dann gehorsamlich nachkhommen Sey auch Ihrenn keiner biß anher vbertrettens gebotts halben nie gestrafft worden.

Auf den 5ten und 6ten Articul berichten die Gemeinden, das Inhalt dieser Articfel, Inen gar nit beschwerlich noch an Ihrer Nahrung hinderlich, vnnd also verderblich sein sollt, das Sie hierdurch von Ihren Weib vnnd Khinder entlauffen müsten fragen deßhalben nit viel nach solchem Marckht. Also das ob gleichwol angeregt gebieten vnnd verbletten nit angelegt were worden Sie denselben gar nitt oder selten besucht hetten, dieweyl Sie den Bühler Marckht, biß hieher besucht haben Da Inn nun derselbig sollte verbotten werden, Hetten Sie sich deßelben, alß desjehnigen so Ihnen Hochbeschwerlich zu beclagen, von dem 7. 8. vnnd 9. Articul so den Gemeinden vnnderschidlich fürgehalten, berichten Sie, das Sie von Inhalt, derselben Articul nichts wißen zu berichten, warumb vnnd auß was Ursachen das angelegt gepott vnd verpott geschehen sey, Weitters sein gemelte Gemeinden, auf das Frag-Stück den Articul angehenckht, befragt worden, die haben darauf Ihr Außag bey den 5. vnd 6. Articul hieher repetirt vnd erholt vnnd haben dem Abbt auch nich Zitt derwegen clagendt fürgebracht, dann was wollten Sie clagendt fürpringen, dieweyl Ihnen der angelegte Gepott vnnd Verpott Marckhts halben nit beschwerlich noch nachtheillig seyn. Sonnst von weiterm Innhalt Frag-Stückhs wißen Sie nichts gründliches zue berichten oder anzuzeigen, damit Ir Außag vnnd Berichten geendet.

Greffern 2c. Burgermeister vnnd Gemeind zu Greffern berichten auf fürgehaltene vnd fürgelaßene Artickel nach nemlich auf den 1. 2. 3. vnnd 4. welche Ihnen vnderschidlich fürgehalten, vnnd verleßen worden, das Ihnen als Anndern Schwartzachischen Dörfern, von den Beampten zu Schwartzach, auß Beuelch Fürstlicher Badennscher heimgelaßener Räthen, gebotten vnd Verbotten worden, den Neüen Hanauischen Marckt zu Lichtenau, bey hoher Straff nit zu besuchen, biß auf ferner Erlaubnis, dem Sie auch vleißig nachkhommen, Also daß Ihr kheiner weder vmb wenig noch viel, deßhalben gestrafft sey Auf den 5. vnnd 6. Artickel die Gemeinden gefragt, Sagen vnnd berichten darauf das Ihnen gar nicht beschwerlich noch verhinderlich vnd verderblich, da Sie die angezogenen Marckht nit besuchen sollten, fragendt gar nit darnach, wann schon allda khein Wochenmarckht wäre, also das Sie von jeren Weib vnd Khinder nit endtlauffen müesten, Sie haben gnug, an dem Büßeler Marckt den sie bißher besucht haben vnnd noch besuchen, von dem 7. 8. und 9. Articul, So Ihnen dergleichen, Auch vnnderschidlich vorgeleßen worden, wißen Sie nichts gründliche zu berichten, warumb oder auß was Ursachen, Solche gepött vnd Verpott angelegt worden seyen.

Auff die Fragstückh den Articulen angehenckht, Darauf die Gemeinden auch befragt werden sollen, repetieren vnd erholen Sie Ihr Berichten vnnd Außagen, Bey dem 5. vnd 6ten Artickel geschehen, Sagen weitters, das Sie sich auch gegen dem Abbt, deßhalben nichiit beclagt, oder clagendt fürpracht vnnd sich deßen etwas beschwert hetten, wißen deßhalben, auf ferner beschehen fragenn nichts weitters gründlichs anzuzaigen, vnnd hiemit Ir Berichten vnnd Anzeigen geendet. Ebenmeßig seyen auf

Pitt-

Beylage XCV.

pittliche Erfordern vnnd Begehren obgemelter Beuelchhabere, den Anndern Augusti Anno :c. Achtzig Fünff, Auf dem Rathauß zu Schwarzach, In Beyseyn obgenanter Zweyer die Burgerschafft vnnd Gemeinden in Bintbucher Gerichts staab gehörig Examinirt vnnd verhöret worden, Alß Nemlich Bindtbuch, Zell, Oberbruch vnd Khuntzhurst, Baltzhoffen, vnnd Henckhurst Oberweiler vnnd Mooß.

Mooß. Burgermaister vnnd Gemeind zue Mooß, seyn vff die vbergebene Articul, vnnd Erstlich den 1. 2. 3. vnnd 4. welche denselben vnnderschiedl. vorgelesen verhörbt worden, die Berichten vnnd Sagen wahr seyn, das Inen durch die Beamten zue Schwarzach jedoch aus Beuelch Fürstlicher Heimgelaßenen Räthen gepotten worden den neüen aufgerichten Wochenmarckht zu Lichtenau, hinfüro nit mehr, biß auf ferner erlauben zue besuchen, welchem Mandieren Sie auch, wie billich fleißig nachkhommen seyn. Auff den 5ten vnnd 6ten Articul berichten vnnd sagen gedachte Buraermeister vnnd Gemeindt, Sie wißen kheinen Vnnderthonen der sich deßen beclagt noch beschwerdt hette, fragen auch nichts darnach haben sich deßen weder Gewinn noch Verlust warumb Sie dann deßhalben von Weib vnd Khindern entlauffen sollten, Sie besuchen den Bleheler Marckt, daran haben Sie ein Vernlegen, vnnd besuchen den neüen Hanauischen Marckt nit oder selten, Ob derselbig Inen gleichwol nit verbotten were.

Auf den 7. 8. vnd 9. Artickel welche Inen auch vnderschiedlichen vnnd verstenndl. vorgelesen worden, die Sagendt, Es sey Ihnen von Innhalt, dieser Articul nichtzit zue wißen, warumb vnnd aus was Vrsachen solche Gepott vnd Verbott angelegt worden seyen vnnd wollten Sie, das dieser Marckht, nie gemacht oder Außgebracht were worden, zue dem Fragstück den Articuln angehenckht, Sagen vnnd erholen Sie die Vnnderthonen Ihr Außag, bey obgesetztenn 5. vnnd 6. Articul vnnd demnach weitters das Sie dem Abbt weder wehnig noch viel beßhalben Clagendt furgebracht Sie haben thallß Ihne Abt, Inn dreyen Jahren Nie gesehen, vnnd theils khennen Sie Ihne nit wißen weitters dißmals nichts beßhalben anzuzeigen.

Vindtbuch. Schultheiß vnnd Gemeind daselbsten, Berichten auf fürgehaltene Articul, wie nachuolgt, Auf den 1. 2. 3. und 4. derselben, Sagen Sie ja, Es seye solches Verbott anlegen, vor einem halben Jahr Vngeuerlich Inen den Vnderthonen zu Vindtbuch Auch verkhindt worden, Vnnd daßelbig durch die Beampten des Gottshauß Schwarzach, aus Beuelch, so Inen aus Fürstlicher Cantzley zukhommen sein soll jedoch nit so ernstlich, wie der viert Artickel vermag, vnnd In sich hält dem Sie auch gehorsamlich nachkhommen sein, laßen Sie an dem Wochen-Marckt zu Bübel, deren Inen neher gelegen, benügen, Auf den 5. vnnd 6. Articul befragt, die Sagen Nein dieser Marckht Irre sie nit, Seye Inen auch gar nit beschwerlich, noch also verhinderlich vnnd verderblich, das Sie darumben von Weib vnnd Khinder enndtlauffen sollten.

Auf den 7. 8. vnnd 9. Articulus, So der Gemeind vnnderschiedlich vorgelesen befragt, Sagen darauf Ihr Vnwißenheit warumb vnnd Auß was Vrsachen solch Verpott Anlegen beschehen sey, Zu dem sondern Fragstück den Articulen Angehenckht, darauf die Vnnderthonen, auch befragt sollen werden, repetiren vnnd Erholen, Sie Ihr Außag, auf den 5. vnnd 6. Artickel beschehen, vnnd das Sie dem Herrn Abt, den Sie theils nit kennen noch theils nit gesehen haben, derwegen nichtzit clagend furgebracht werde, Auch solches von Ihnen daß es geschehen sey niemand sogen khönden,

Oberweiler. Burgermeister vnnd Gemeinden zue Oberweier, sein die Articul wie anndern des Closters Schwarzach Vnderthonen vorgehalten Vnnd darauff Auß den 1. 2. 3. vnnd 4. Articul, Bericht zu geben befragt worden, Sagen nit ohne seyn, das Jnen auch beneben anndern Schwarzachischen Dörffern verbotten worden, denn Marckht zu Lichtenau Hinfüro, nit mehr zue besuchen, aber nit mit so grossem Ernst, wie der Viert Articul Außweißen, vnd vermelden thue, Jedoch fragen Sie gar nit nach solchem Marckht, besuchen auch denselben nit, dann Bühel Jhnen Naher dann Lichtenau gelegen sey dahin als gehn Bühell, Sie zue Marckht fahren.

Auf den 5. vnnd 6. Articul vermelte Gemeind befragt, sagendt darauf, dweyl Sie diesen Neüen Aufgerichten Marckht zue Lichtenau nit besuchen, So könde es Jnen auch nit beschwerlich, noch verhinderlich An Jhrer Nahrung sein, das Sie hiedurch von Weib vnnd Khinder entlauffen müsten. Von dem 7. 8. vnnd 9. Articulis, welchen der Gemaind vnnderschiedlich vnd verstäntl. vorgelesen haben sie khein Wißenschafft Auß was Vrsachen das Verbott Anlegen geschehen sey.

Auf das Fragstückh so denn Unterthanen, nach den Articul zu befragen, vnd zu gebrauchen gestellt, Erholen Sie Jhr Außag bey dem 5. vnd 6. Articul geschehen, dabey Sie es auch bleiben laßen, vnnd das Sie dem Herrn Abbt sein Leben lang vnnd so lang Er Abt gewest, nichts clagendt fürgepracht, nach sich ettwas sonnderl. des Marckhts halben zue Lichtenaue beschwert hetten, wißen auch weitters nichts zue berichten, dann wie oben geschehen,

Zell Burgermeister vnnd Gemeind zu Zell bey Vnzenhurst gelegen Sein vff vbergebene Artikel befragt worden vnnd Erstlichen Auf den 1. 2. 3. vnd 4. Articul sagen vnnd berichten Sie Es sey Jhnen Alß Annder Gemainden vnnd Dörffern zu dem Gottshauß Schwarzach gehörig durch die Beampten baselbsten, jedoch aus Beuelch Fürstlicher Marggräuischer heimgelaßenen Räthen wie Sie vernommen, der neüe Aufgericht. Marckt zu Lichtenaue hinfüro zu besuchen verbotten worden, welches Gebott vnnd Verbott, Sie auch gleichwol gehalten, vnnd nichsitt sonders darnach gefragt, Sie gepraüchen vnnd fahren auf den Marckht zu Bühell da Sie beßer kauffen vnnd verkauffen Khönden dann zu Lichtenau, Auf den 5. vnnd 6ten Articul, Sagen Sie vnnd berichtenn das Jnen das angelegt gepott vnnd verpott mit Besuchung des Lichtenauischen Newen Wochen-Marckht, weder Heller noch Pfenning schedlich, noch auch verhinderlich vnnd verderblich das Sie deßhalben von Weib vnnd Khinder entlauffen solten oder müsten Von dem 7. 8. vnnd 9ten Artikul welche Jnen verstendlich vnnd vnnderschiedlich vorgelesen, haben Sie kheins wißens warumb vnnd Auß was Vrsachen das angelegt gepott vnnd Verbott geschehen sey, vnnd ob es vnnserm gnedigen Fürsten vnd Herren gepürt oder nit habe.

Vff die Fragstückh den Articulen angehenckht, Erholen Sie die Vnnderthonen Jhr Berichten vnnd Außagen bey dem 5. vnd 6. Articul geschehen, vnnd sagendemnach weitters, das Sie dem Herrn Abbt, derhalben nichsit clagendt fürgepracht, noch sich niemals Angelegter gebott vnnd Verbott beschwerdt wißend Auch weitters von solcher verloffener Handlung nichts gründliches Anzuzeigen, damit Jhr Berichten vnnd Außagen beschloßenn.

Balzhoffen vnnd Henchhurst etc. Burgermeister vnnd Gemeindt zu Balzhoffen vnnd Henchhurst, Seyn dergleichen Andern Dörffer, Auff vbergebene Articul, vnnd Fragstückh befragt worden, Sagen auf den 1. 2. 3. vnnd 4tes Articul, Es seye nit ohne, das die angelegte Verbott, mit Besuchung des Marckht zue Lichtenau, durch die Beampten des Gottshauß Schwarzach geschehen sey, Aber nit

Beylage XCV.

nit so gar hoch vnd ernstlich, wie der viert Articul dauon meldung thue, vnnd fragen Sie die Gemeinden gar nichts nach solchen Neüen Marckht, besuchen auch denselben nicht, dann Jnen Bühel gelegener, dann Liechtenawe seye, wißendt auch alle Ding böser daselbsten käuflich zu bekhommen dann zu Liechtenawe, Auf den 5ten vnd 6ten Articul berichten Sie, das Jnen solch angelegt Verbott gar nit beschwerlich noch Jn einichen Weg an jerer Nahrung dermaßen verhinderlich vnnd verderblich, das Sie von Weib vnnd Khinder, endtlauffen sollten oder müeßten. Auf den 7. 8. vnnd 9. Articul welche Jhnen vnderschiedlich nach einander vorgelößen worden sagen Sie Jhr Vnwißenheit, warumb vnd auß was Vrsachen, das angelegt gebott vnnd Verbott geschehen, vnnd ob es solches zu thun, Vnnserm gnedigen Fürsten vnnd Herrn, oder jemandt Anndern gepürth habe oder nit.

Auff das Fragstückh denen Articuln angehenckht, darauf die Vnnderthonen auch befragt werden sollen, Erholen vnnd repetieren Sie, hieher Jhr Berichtenn vnnd Außagen, wie oben bey dem 5. vnd 6ten Articul geschehen, vnnd das Sie dem Abt, Jhr lebenlang, deren oder anderer Ding wegen nichZit clagendt fürgebracht, sonnderlich des verbottenen Liechtenauischen Wochen Marchts halben, wißendt auch weitter hieuon vnnd annderem so sich zugetragen, vnnd verloffen haben sollt, nichts gründliches anzuzeigen, Hiemit Jr Sagen vnnd Berichten geendet.

Oberbruch und Khienzhurst; Diesen Vnnderthonen vnnd Gemeinden sein als Anndern vorgeschriebenen Dörfern vnd Vnnderthonen die Articul, fürgehalten worden, Sagen Auff den 1. 2. 3. vnnd 4. Articul derselben, Es sey Jnen auch, das gepott vnd Verpott, wegen Liechtenauischen Newen Wochen Marckht, vnnd das Sie denselben nit hinfür besuchen sollen, verkhündt vnnd zu wißen gethan worden, vnnd daßelbig durch die Beampten des Gottshauß Schwarzach, Auß Beuelch der Badenschen Hinterlaßenen Räthen, wie Sie gehört geschehen sey, dem Sie auch gehersamlich biß Anher nachgesezt, wiewol Sie ohne das solchen neüen Außgebrachten Wochenmarckht, nit besuchen, sonnder sich des Marckhts zu Bühel gebrauchen.

Auf den 5ten vnnd 6ten Articul Berichten vnnd sagen die Gemeinden, Es sey Jnen das angelegt Gepott gar nit beschwerlich, noch an Jhrer Nahrung hinderlich, noch Also auch verderblich, das Sie darumben von Weib vnnd Khinder enndtlauffen sollten oder müeßten so sie doch nach diesem Neüen Marckht gar nichts fragen, gebrauchen sich des Marckhts zu Bühell, Als hieoben vermeldt. Von dem 7ten 8ten vnnd 9ten Articul welche den Vnnderthonen clerlichs vnnd verstendlich vorgelößen, Sagen Sie Jhr Vnwißenheit, Aus was Vrsachen vnnd Bewegnis wegen angelegt gepietten vnnd verpietten geschehen, vnnd ob man daßelbig zu thun befiegt geweßt oder nit seye.

Auf das sonder Fragstückh zu befragen, den Articuln angehenckht, Sagen vnnd repetieren Sie die Vnnderthonen Jhr Berichten vnnd Außagen wie oben bey dem 5ten vnnd 6ten Articul geschehen, vnnd das Sie dem Abbt clagenndt ainicher Beschwernis halben, nichtzit fürpracht, Sie haben Jhne Abt mehrertheils, seithero beschehener Huldigung, nit mehr gesehen, weitters vnnd anders so sich deßhalben zutragen habenn sollt wißen Sie nichts grundtlichs anzuzaigen noch zue berichten. Darauff Sie ferners Fragens erlassen.

Geschehen vnnd ergangen sein diese Ding; Jn dem Jahr Monat, Tag, Stunden, Indiction Kayserlicher Regierung, vnnd An den Orthen obbeschreiben, Jn gegenwertigkhait vnnd Beysein, der Ersamen vnd Fürnemmen Jacoben Bindriemens, Gastgeber der Herberg zum Roten lewen vnnd Simon Burckharden, Burger zue Stollhouen, Alß zu Zeügen hierzu Jnnsonnderhait berüfft erfordert vnd gepetten.

K   Vnnd

Vnnd dweil Ich Rudolph Zundler von Herzberg, offenbarer Kayserlicher Notarius, vnd der Zeitt Stattschreiber zue Baden, bey allen vnnd jeglichen obgeschribnen Dingen sampt vorgenannten Gezeügen Persönlich geweßt, die allso gesehen gehört, vnnd zum Theill selbst gethon vnd verricht, Hierumb so hab Ich solches Alles vnd jedes in diese Form gebracht, vnnd diß gegenwertig offen Instrument darüber gemacht, durch meinen schreibern einen trewlichen, obliegenndten Gescheefftenn In Sechs halben Bletter incorporiren vnnd beschreibenn laßenn widerumb dem Prothocollo, gemeß durchleßen gleichlautendt gefunden, derwegen mit meinem Namen Zunamen vnnd gewohnlichen Zaichen vnnderschriebenn vnnd verzeichnet, zu glaubenn vnnd Gezeugnis aller obgescheibnen Sachen Innsonnderhalt berieft erfordert vnnd gepetten.

Beylage XCVI.

Revocations und Submißions Instrument Abbts Johann Caspars, worinnen Er mit begebung der bisheriger Rechtfertigung den Marggraven zu Baden für den Landesfürsten erkennet.

(Jahr 1585.)

In GOTTES Namen Amen: Kundt offenbahr vnnd zu wissen seye jedermenigelich durch diß gegenwertig offen Instrument, das In dem Jar nach der heilsamen Geburt, vnd menschwerdung Jhesu Christi vnnsers Ainigen Erlösers vnnd seligmachers, tausendt, fünffhundert, Achtzig, vnnd fünff gezelt, In der dreizehenden Römer Zinßzal Indictio zu Latein genannt, vff Monntag denn drei vnnd zweintzigisten Decembris dem Newen corrigirten Calender nach, zwischen drey vnnd vier Uhren nach mittem Tag, Regierung des Aller Durchleuchtigsten, Großmechtigsten vnnd vnüberwundtlichsten Fürsten vnnd Herren, Herrn Rudolphen des Annderen Erwölten Römischen Kaysers zu allen Zeiten merern des Reichs Inn Germanien zu Hungern, Böheim, Dalmatien, Croatien vnnd Sclavonien ꝛc. Königs, Ertzherzogens Oesterreich, Herzogens zu Burgundi, Steye, Kärndt, Crain vnnd Württemberg ꝛc. Grauens zu Tyrol ꝛc. Vnnsers Allergnedigisten Herrn, Irer Kayserl. Regierung des Römischen Reichs im allfften, des Hungerischen Im vierzehenden, vnnd des Beheimischen auch Im allffte, Jaren, Inn meines hi-unden geschriebenen Notarien, vnnd der nachbenannt und glaubwürdigen Gezeugen darzu Insonderheit beruffen erfordert, vnnd erbeten, gegenwirtiglait Personlich erschinen seindt, des Durchleuchtigen Hochgebohrnen Fürsten, vnnd Herrn, Herrn Philipsen Marggrafens zu Baden, vnnd Hochberg, Grauens zu Sponheim, vnd Eberstein, Herrns zu Lahr, vnnd Mahlberg ꝛc. meines gnedigen Fürsten, vnnd Herren Cantzler vnnd Räth zu Baden, die Edle Hochgelehrte, vnnd Ernueste, Herrn Johann Aschmann Cantzler, Johann Zonner Vice-Cantzler, Christoff Aschmann alle drey der Rechten Doctores, Johann Rosenhueber, Cammer-Meister, Johann Christoff Staud, vnnd Johann Wilhelm Casstner, vnnd bracht ermellter Herr Canntzler, Docter Johann Aschmann vngevorlich nachfolgende Mainung mundtlich für, Demnach der Hochwürdig Fürst vnnd Herr, Herr Eberhardt Bischouf zu Speir vnnd Probst zu Weißenburg, Römisch Kays. Maj. Cammer-Richter, vnnd dann Herr Johann Caspar Abbt des Gottshauß Schwartzach, Jüngstuerschiner Zeit, an dem Hochlöblichen Kayserl. Cammer-Gericht zu Speyr wider Hoch-

Beylage XCVI. 39

Hochermelten Herrn Marggrafen Ain inhibitorial-Mandat Außgebracht, In welchem Ir Fürstlich Gnaden allerhannde mandiet beuohlen, vnnd derselben wolhergebrachten fürstlichen Ehren, vnd reputation zuwider eingefüert, vnnd vermeldet, das Ir Fürstlich Gnaden die Gebühr dagegen vnnd darauf zu hanndlen vnnd auszufüeren nit umbgehen khönnden rc. Damit dann auch sowohl ernanntem Kayserlichen Mandat Ir F. Gn. wegen, Ain vollkhomentlich Genuegen beschehe, Als auch derselben notturffe nit verabsaumbt, sonnder wie die sachen ernannts Abbts halben beschaffen, sich verloffen, vnd zugetragen, an Tag gebracht wurde, also hetten Ir Fürstlich Gnaden Ime beneben Anndern miträthen außtruckhenlichen Beuelch geben, hernach vermelten parition revocation oder Protestation-Zettel von Ir Fürstlich Gnaden wegen anzustellen vnnd mir hernach benanntem Notario Inn Beisein zu Endebeschriebener Gezeuen, gedachtem Herrn Abbt der Gebür zu insinuiren, zu übergeben, Darauf wolt er Auch auß ebenmeßigem von Ir Fürstlich Gnaden entpfanngnem Beuelch, mich Notarium der Pflicht vnnd Aydt, damit Ir Fürstlich Gnaden Ich verwandt, vnd zugethon, so vil diesen Actum belangt, ledig gezelt, vnnd erlassen haben, mit welterm Begern, Ich Notarius wolt vermelten solchen Zettel denn er damit vbergab vor gegenwürtigen Gezeugen offentlich verlesen, welches alsobald von mir beschehen, vnnd lautet derselbig von Wort zu Wort wie hernach volgt;

Vor Euch offenbahrem kaiserlichen Notarien Erscheint Anwaldt des Durchlauchtigen Hochgebohrnen Fürsten vnnd Herren, Herrn Philipsen Marggrauen zu Baden vnd Hachberg, Grauen zu Sponheim vnd Eberstein. Herrn zu Lahr vnd Malberg rc. vnnd bringt euch für: Demnach Johann Caspar Brunner gewesener Conventual zu Genaenbach vor etlich Jahren zu ainem Praelaten vnnd Abbt des Gotzhaus Schwarzach postuliert, vnnd gemeltem Gottshauß biß dahero, wie noch die Zeit über Also vorgestanden, vnnd mit seiner Administration vnnd Verwaltung sich verhalten, das ermelter Abbt uff denn zwelfften Auausti verschines drei vnnd achtzigisten Jahrs, In gedachtem Kloster Schwarzach für sich selbst freiwillig, ohne Ainig wüssen seines Vorhabens, vor Hochermeldten Fürsten, vnnd Ir fürstlich Gnaden Räthen selbs Versoonlich sambt seinem Schaffner Sebastian Hormolden erschinen, vnnd Erstlich durch gemelten Schaffnern volgends selbs mundtlich fürbracht, vnnd In schrifften übergeben, wie von Wort zu Wort hernach volgt,

Ich Johann Caspar Abbte des Gottshaus Schwarzach Benedicter Ordens Straßburg. Bistumbs, bekhenne hiemit Allermenniglich, Als Ich nach schickhung Gottes durch ordentliche Wahl, vnnd Election zu der Abbteylichen Dignitaet vnnd Administration ernannts Gottshaus vor etlichen Jaren khomen, wie auch noch bin, vnd wiewol Ich nichts gellebters sehen, Auch von Gott wünschen möchte vnd wolte, dann das Ich solchen Stanndt vnnd amot Im Gaistlichen vnnd weltlichem nottuurfflichen vnnd wol fürstehen, vnnd zu der Ehr vnnd Dienst Gottes, erhaltung vnd Pflanzung der Catholischen Kirchen, auch Wolphart, offnemen vnd mehr Verbesserung des Gottshauß verwalten khönnde, zu welchem Ich keinen Fleiß thüe, noch Arbeit sparen noch Ainichs An mir ermanglen lassen wolte. Wie Ich dann durch Gottes Hülff selbig in Spiritualibus verhoffentlich meiner schuldigkeit nach ohnclagbar noch verwelslich gelaistet, Nachdem Ich Aber nun mehr etlich Jar hero das Ich zu Vorstanndt gedachter baider Administration vielfältigaer Ursachen vnd Umbstenden wegen sonnderlich aber weil dieselbige vor Anndern Abbteyen Im Bistumb Straßburg Am Regiment die schwereste, wie die Notturfft erfordert, vnnd Ainem Regierenden Praelaten, die zeitliche Administration auch zu verwalten gebürt, zu wenig seye, bei mir selbs, wie auch In mit meinen Gefreundten Auch Gaistlichen etlichen wolmalne oben gehaltener Berathschlagung befunden, dergestalt, da Ich fürohin, vnnd lennger Zeit neben dem Geistlichen, Auch die weltliche sachen vnnd Haußhaltung meines

K 2 Gotts-

Gottshauß zu uerſehen vnnder Hannden, vnnd Gewalt haben, oder behalten ſolte, ſolche nit allein zu mercklichem Schaden gerathen, Sonder Ich auch In meinem Gewiſſen deſſen hoch beſchwehrt wurde, vnnd gegen Gott ſchwere Rechnungſchafft thon mueßte, zu dem Ich gegen dem Hochwürdigen meinem gnedigen Fürſten vnnd Herrn Biſchouen zu Straßburg, als meinem Ordinario, So wol auch gegen dem Durchleuchtigen Hochgebohrnen Fürſten vnnd Herren, Herrn Philipſen Marggrauen zu Baden, vnnd Grauen zu Spanheim ꝛc. Als gedachts Gottshauß Caſſten-Vogt, Erbſchutz vnnd Schürmb-Herrn der weltlichen Regierung vnnd Haußhaltung halben, ſo mir Am höchſten zu beſchwehrnus obliegt, vnnd dieſelbige nutzlich, vnnd vnabgenglich, noch ſchädlich anzurichten, zu geſchweigen, zu erhalten mir gleich vnmuglich iſt, In hohe Vngnad, Auch gefar entſetzens, ſo mir gegen jedermenigelich, ſonnderlich Praelatenſtanndt vercleinerlich, wie bei denn Vnnderthonen des Gottshauß Ergerlich gerathen mechte, dardurch nicht deſtoweniger keinem Theil abgeholffen, oder etwas zu Nutz erſchießen werde, wie Ich alberait etlich zeithero im Werckh geſpührt, vnnd befunden, das dem Heitzhauß kain fürſchlag, ſonnder hohe nachbueß eruolgt, vnnd Ich nach vilfeltigem langem Als Itz gedacht mit Geiſtlichen vnnd weltlichen mir vertrauten, vnd gut meinenden Herrn, vnnd Freunden berathſchlagen, mich endlich dahin entſchloßen, wie Ich auch noch alſo geſinnet bin, die ganze Adminiſtration des Geiſtlichen vnd Aentlichen zu reſigniren, vnnd zu begeben, vnnd weil dann zu bedenckhen, vnd zuuerſichtlich, es werde alſo gleich in Fußſtapffen, nach meiner Reſignation das Gottshauß mit ainem annderen Haupt vnnd Praelaten, biß zu vernneren der Herrn Praelaten des Ordens bedenncken vnnd ſonndern tags Vergleichung ainer ordenlichen Election nit verſehen werden, vnnd damit dann von der Zeit an meiner vorhabenden Reſignation bis zu Election vnnd Wahl aines annderen Praelaten, bey denn Vnnderthonen gute Volicey gepflantzet, auch die Gerechtigkeit befürdert, das Vbel geſtrafft vnnd verhündert, vnnd das Hauß Geſund in Rechter Ordnung vnnd Diſciplin Als ſich zu des Gottshauß Wolſtandt, vnnd Wolphart zu thun gepürt, erhalten werde, Das Ich demnach wiſſentlich, vnnd volbedächtlich zufürkhommen, damit Allerhanndt Vnrath Vnordnung vnd Gebrechen In Geiſtlichem vnnd weltlichem Regiment, bey offtgedachtem Gottshauß Hochermeltem meinem gnedigen Fürſten vnnd Herrn, Margaraf Philipſen zu Baden; Als des Gottshauß Schwarzach Lanndtsfürſten, Caſten-Vogts, Erbſchuz vnd Schürmb-Herrn, mit Vorerzelung meines Endlichen entſchloßnen Willens, vnnd Vorhabens, off vorgeende genugſame für mich ſelbs, vnnd (Als vermerwelt) mit Anndern Geiſtlichen vnnd weltlichen verſtenndigen meiner Herrn vnnd Freunden welgehabter Berathſchlagung, ohne Alnich hunderfüeren, bereden, Lüſſt, betrangnus, Forcht, Zwanng, oder was dergleichen, ſo Alnem freyen ledigen vnnd wohlbedachtem Auch berathentlichem Willen zuwider ſein, oder erdacht werden megen, frej ledigen woluerſtenndigen Willens vndertheing begeben, vnnd beuehlen, meines Gottshaus Schwarzach, wie vor etlich Jaren, vnnd Zeit Als Ich zu des Cloſters Abbteylichen Regierung khommen, Anbeuchlene vnd eingeraumte weltliche Haußhaltung des Cloſters Einnemmen, Außgeben, Renthen, Gülten, Zinnßen, Rechten, Gerechtigkaiten, Gericht, Oberkheit, Gebott, Verbott, Freuel, Straffen, Bueßen, vnnd Alles Annders, was vnnder die Secularia, vnnd weltliche Adminiſtration beruerts Cloſters gehörig darein gerechnet, vnnd darunder begriffen wirdt, hiemit beſter beſtendigſter Form, Weiß' vnnd maß, So ſolche Commendation vnnd Beuehlung den Geiſtlichen vnnd weltlichen Rechten Auch Gewonheiten, Immer ſein khan, vnd mag, mit Mundt, Hannd, vnnd Jn Crafft dis Brieffs, dergeſtalt uff den Fahl zu welcher Zeit, vnnd Stunde, Ich meinen Titulum abbatis reſigniren, übergeben, vnnd verlaßen würdt, das gleich In Fußſtapfen die Verwaltung des Gottshaus vnnd Aller derſelben An vnd zugehoerigen Lannd, vnnd Leuten, Renten, Gülten, Recht, Gerechtigkheiten, Flecken, Dörffer, Hauß, Höffen, Güeter, vnnd Gefällen, wie vnnd wo dieſelben gelegen, vnd von Ir Vralten hero zu dem Gottshaus gehörig geweſt, vnnd nach ſein denn

Beylage XCVI.

dennselben zum besten zu administriren, Regieren, verwalten, vertretten, handhaben, vnnd Alles das zu thun, Schaffen vnnd Hanndlen, was Ich Alß ain ordenlich erwelt Haubt ermelts Gottshauß darbei vnd darmit, Alß wann Ich noch in vorigem Wesen, Stanndt, vnnd Praelatur wäre, thun kündt vnnd solle, der weltlichen Sachen, In Hannden, gewalt vnnd macht, hochgedachtem Fürsten, selbige nach Jr Fürstl. Gnaden gefallen vnnd belieben, zu gutem Nutzen, auch Notturfft des Closters Anzustellen, vnd zu verordnen, biß zu Ainer Election vnnd Wahl Aines Annderen Praelaten vnnd Anweßenden Haupts, gefallen, gerathen, vnnd beruohlen sein soll. Wie dann mein vnnderthenig guthertzig Vertrauen zu Jr Fürstlich Gnaden steet, die werden Jr vff solchen Fall, Alß ainem Catholischen Christlichen Eufferigen Fürsten, Auch Advocato, vnnd Schürmb-Herrn zu thun gebüert, vnnd sonderlich Jnn solcher Beuelhung, vnnd gestaltsamj das betrangte Arme Gottshauß, Jnn allen Obligen, gnedig, vnnd wol laßen beruohlen sein, vnnd Jr Fürstl. Gnad. sich deßen vff mein vnnderthenigs ersuchen, vnnd gepflegene Handlung gegen mir gnedig erclert, erboten, vnnd bewilligt, mit solcher Maß vnnd Bedingung, Bescheidenheit, auch entlicher meiner Vorbehaltung, das ich Erstlich Jn solchem Fahl meiner Resignation nichts destweniger bei mergedachtem meinem Gottshauß, mein Refugium Zuflucht, vnnd freyen Zugang Jn Allen Obliegen haben solle vnnd mag, Besonnder das Hochermelter Fürst, mein Schutz vnnd Schürmherr sein soll, mein Leib, vnnd gut, vnnd Jn Allem was Wir gewalttettig Calumniosisch gefärlichs, vnnd widrigs, von hohen vnnd Nidern Standts-Personen begegnen, Sonnderlich, da Ich dieser Handlung, vnd Beuelhung halber Jetzo, oder khünfftig Verantwortung zu thun, ersucht, oder Angefochten wurde, zu schützen vnd zu schürmen, vnnd das Jch Also besserer gewissenheit, vnnd Sicherheit willen Angezogenen schürmbs Auch Zuerhaltung bestenndigen Vertrawens vnnd meiner Reputation Jr Fürstlich Gnaden Rath vnnd Diener von Hauß Auß Jnnhalt bieuor Aufgerichter Bestallung bleiben solle, vnnd nachdem Jch Auch gemeint, vnnd gesonnen, nach meiner fürhabenden Resignation, mich An Catholisch Ort vnnd Stifften, zu Ainsamen Gaistlichem Wanndel, vnnd Leben, vnnd zu dem Dienst Gottes, mit Gottes gnedigem vätterlichem Gebeven zu richten, vnnd zu schicken, auch jn solchem Dienst, vnnd Geistlicher Christlicher Vebung meines Todts Stünndleins zu erwarten; So behalte Jch mir zugleich zu meiner notwendiger leiblicher Vnnderhaltung beuor, das Jnn Zeit meines Abzugs von des Gottshaus gefällen, mir Also bar gereicht, vnnd geben soll werden, Zwaihundert Guldin Gellts vnnd dann volgendts Alle vnnd jedes Jahrs, dieweil Jch Jn Leben sein würdt, Fünffhundert Guldin Straßburger Werung, durch Hannden Aines Schaffners so jederzeit Jm Gottshauß sein würdt, Jerlich vff Johannes Baptistä ohnmengellichs verhindern, Jrrung noch Inred, Wann dann Auch Jn Zeit meiner Abbteylichen Administration nach dem Lauff der weltlichen ohnuermeidenlichen gemeinschafft Allerhandt Contractus, Kauffens, vnnd Verkauffens, verleyhens, Vebergebens, vnnd wie solche mer Namen haben mögen, sich begeben, vnnd durch mich verhanndelt worden, die sollen Jn Jrer Würckung zu welchem Ende solch fürgenommen, vnd Angesehen worden, bestendig gelaßen werden, So weren dann nach Vmbstenden verwürfflich, vntüchtig, vnnd in Rechten nit bestendig, Sonnderlich aber das Alle vnnd Jede Contractus vnnd Anndere Dienst vnnd gnaden Verschreibungen, so mit einuerleibten Confirmationen mer hochermellts meines gn. Fürsten vnnd Herrn Maragraff Phillpsen zu Baden vffgericht, vnnd verfertiget worden, vnnd was Jch sunst Jetzt vnwissendt, oder wissendt mich verschriben, dardurch dem Gottshauß An seinen Herrlichkeiten, Rechten, Gerechtigkeiten vnnd Guettern, nichts allemit entzogen, noch benomen, zuerhaltung meiner Reputation, Trewe, vnnd Glaubens, In Würden, vnnd ohngetödt, nach Jeder Verschreibung Außweisung verbleiben sollen, So behalte Jch mir über solches Alles Endlich Auch zu meinem Abzug beuor, meine Pferdt, Bücher, Böttgewandt, Haußrath vnnd was Jch Jnn Zeit meiner Administration Jnn meiner Abbtey-Behauffung haussung vnnderhannden gehabt, gebraucht, vnnd genossen hab, vnnd was zu meinem Leib gehörig, Auch Barschafft, Silbergeschirr vnnd Cleinoeter, so Ich erkaufft, vnd erzeugt vnnd biß anhero In meiner Gewaltsami gehabt vnnd noch hab, Vnnd wann Ich Auch nach meinem mennschlichen Stanndt zu gemuet gefüert vnnd erkanndt, das Ich Gottes wolgefelligen Ordnung nach, zu der Abbteylichen Administration meines Gottshaus beruffen, vnnd verordnet bin, So hab ich In solchem meinem Stanndt, vnnd Beruff nichts fürtreflicher geachtet, dann daz Ich vor Gott dem Herrn, vnnd vor seiner Kürchen meinen Vleis zu pflannzen, vnd zu erhalten, die wahre Catholische Religion, mit meinem möglichen Diennst bezeugte, Vnnd weil dann zu Erbauung vnnd zu erhaltung des rechten Hails der Kirchen, nichz Nuzlichers noch Gottgefelligers, dann dz die Predig, Göttlichs Worts, vnnd der Rechten Rainen Prophetischen Apostolischen vnnd Catholischen Lehr In allweg gepflanzt vnnd durch gelerte Predig, treuwlich vnnd fleissig gefüert werde, So Ich die pastoral-Chur-vnnd Seelsorg mit solchen Gottsforchtigen, Eufferig-vnnd gelerten Pfarrern An Catholischen Orten, da dem Gottshaus, vnd ainem Jeden Abbt der Kürchen-Satz gebürt, durch mich versehen, vnnd selbigen Ernnstlich eingebunden die Apostolische Catholische vnnd orthodoxen-Lehr Rain zu füeren vnd zu Predigen hailige Sacramenta denn bedürfftigen, nach Altem catholischem löblichen gebrauch zu administriren, vnnd sich sonnst in dem Lob Gottes, Auch In Irem Wandel, vnnd Leben exemplarisch vnnd Also zu erweisen, damit Gottes Ehr, das Hail der Kirchen, vnnd der Armen Vnnderthonen Geistlich Wolphart zuuorderst gefürdert, wie Ich dann kainen Zweifel trag. Sie seindt solcher Erbarer Christlicher vnd bescheidenheit, wasy mit Kundtschafft Göttliche Worts vnnd Rechter Alnhelliger meinung der der Catholischen Kürchen erJnnert, so werden An Ir Lehrsorg, vnnd Verrichtung Im Gaistlichen An Jnen nichz ermangeln lassen, Vnd weil dann neben dem Heiligen Predig-Ambt denn Hürten, vnnd Lehrer, die Catholisch Kirch, Auch Eufferlich Gotts-Diennst hat, die mon Gottselig vnnd Hailsam zu Nutz vnnd Wohlfart der Christen täglich hanndlen, vnnd üben soll, wie dann auch die Monasteria, vnd Gottsheuser von denn Alten hierzu fürnemblich verordnet, vnnd gestifft das durch sonndere Personen hierzu bestelt, vnnd Auffgenommen vnnder Alnerley getübt, vnnd profession Tag vnnd Nacht, zu gewissen Stunden, vnnd Zeyten In psalmodiis vnnd Lobgesanngen Gott geehret, vnnd mit Embsigen Gebett für das Anliegen gemeiner Christenheit In stettiger Betrachtung der hümlischen Ding vnnd Vebung Aller Gottseeligkeit In Rechter Demut, vnnd gehorsam angehalten werden soll; So hab Ich In Crafft meines tragenden von Gott beuohlenen Ambts vff Mitel der erzogenen Schuler vnnd Jungen Etlich so bey der Schulen des Gottshauß von Jugend vff von Jren Elementis per Gradus dahin erwachsen, vnnd mit allem Ernst, vnnd Fleiß erzogen seyndt, zu profess, vnnd dem Diennst Gottes vnnd der Kürchen nach alter Fundation vnnd Ordens-Brauch offgenommen, vnnd damit dann solche offgenommene Professen, vnnd Persohnen Jrer Eusserlichen Gottsdiennst desto Ernnstlicher in schuldigen gehorsam, vnnd Andacht, nach Vßweisung Vnnser Regul, vnnd Statute zuuerrichten Angehalten, vnnd nach meiner Resignation In Allem nothwendigen vnnderwisen vnnd Regiert wurden, Auch gebürlicher gehorsam bey Annderer Jugendt der Schulen, vnnd dem Conuent vnnd rechte Christliche Ordnung Lehr und Zucht gepflanzt, vnnd zu Richtiger Expedition, Handhabung vnd Volziehung Alles notwendigen was der Kirchen vnd Schulen Anhangt, dar Jnn allein Gottes Ehr vnnd Preiß, vnd großmachung seines göttlichen Namens zu suchen gute zeitliche fürsehung gethon wurde, welche Notturfft der Kirch vnnd Schulen Zucht- Ordnung vnnd Expedition mir billich Als dem Praelaten, vnnd Haubt des Gottshauß zuuorderst Angelegen ist, So hab Ich denn ganntzen Kürchen- vnnd Schul-Ambt, vnnd was selbigem Anhanngt, zu meinem Statthalter verordnet vnnd voraesezt, mit zuuor wissen, vnnd gnedigem Gehell mer hochermelts meines gnedigen Fürsten, vnnd Herrn, dem Würdigen Andechtigen Herrn Albertum Oettling Conuentualem vnnd Sub-Prior des

Gotts-

Beylage XCVI.

Gottshaus Genngenbach, so kleynt von dem Herrn Praelaten von Gengenbach zu wider Anstellung deß Ain Zeit lanng zerfallnen Ordens zu meinem Gottshauß Als ein Coadjutor mir bewilligt vnnd gegeben worden, deffen Rechtmeffige Testimonia seines Gaistlichen Wandels vnnd Lebens, Als von Ainer gehorsamen vnd qualificirten OrdensPerson bey menigelich leuchten thuen, vnnd ist demnach mein Endtlicher Will, vnnd meinung, zu welcher Zeit, vnnd Stundt, Ich meinen Titulum Abbatis resigniren, übergeben, vnnd verlaffen würdt, das gleich In Fußstapfen ermelter Herr Albertus sich der Kirchen, vnnd Schulen getreulich Annemen, Alle Hanndlung derselbigen nach Vnser gemeiner Regulen vnnd denn Statutis zu Lehr der heiligen Göttlichen schrifft vnnd darauß zu Rechter Gottsforcht, Christlichen Tugenden, vnnd Zucht Richten vnnd Ordnen soll, vnnd Alßo vermittelst Göttlicher Gnaden die Ime beuohlene Kirch, Vnndergebene Schul vnnd Convent, mit Allem getrewen Fleis Regieren, vnnd mit zichtigem Erbaren Priesterlichem Niechtern wol moderirtem Leben vorstehen, Theine Horas geseßlichen, oder ohne erhebliche Vrsachen In der Kirchen versaumen, noch vnnderlaffen, sonnder selbs zu Rechter Zeit, zu Kirch vnnd Corn geen, die Kürchen-Gesang, vnnd dz gebett, mit Allen trewen vnnd Euffer der Jugendt einbilden, sie deffen vnnderrichten, vnnd denn Gotts-Dienst mit denn Professen vnnd Priestern Gottseelig, vnnd hailsam üben, hanndeln, vnnd befürdern, Er soll Inn denn Straffen kain Vbermaß, noch Zorn gebrauchen; Sonnder nach maß, vnnd wie Vnnser Regul, vnnd die Statuten Als oben gemelt ußweisen, die Disciplin beim Conuent, vnnd der Schulen füeren, vnnd halten vnnd in gemein der Kirchen vnnd Schulen Nußen vnnd frommen, mit Allem fleis fürdern, Schaden, Nachtail, Vnfleis vnnd Ergernus seines Vermögens, warnen, wennden, vnnd verhüeten, vnnd, wo sich in Zeit solcher Beuehlung, vnnd Verwaltung Ainige Jrrung zwischen Jme Herrn Alberto dem Conuent der Priesterschafft des Gottshaus Schaffner vnnd Dienern, Ainem, oder mehr Vnndertbonen vnnd zugewante, zutruege Sollen solche Jrrungen vnnd Clagen, bei meinem gn. Fürsten vnnd Herrn beschaidenlich nach Wichtigkeit des Hanndels Angebracht, vnnd von Jr Fürstl. Gn. darüber Rechts vnnd Beschaidts gewartet werden, Es weren dann solche Jrrungen bei denn Professen vnnd dem Convent, so Jme Herrn Albrechten nach Ordens-Brauch, vnnd der Regul zu Rechtfertigen vnnd zu straffen Allein gebürten, Es soll auch ermelter Herr Albrecht von solchem Beuelch, vnnd Vnderemung mit Abstehn, biß zu Ainer Election vnnd Wahl Aines Anndern Praelaten, vnnd Anwesenden Haupts, Darauf er dann In Persönlicher Gegenwertigkeit meines gnediaen Fürsten, vnnd Herrn vnnd vor Ainem Convent, vnnd ganßer Versamlung merer Geistlich vnnd Weltlicher Personen bei Hanndgebner Trewe Allen obgeschribnen trewlich nachzukomen promittirt gelobt, vnnd versprochen, wie dann Auch nit weniger die Professen Annwesendue Priester, Schulmeister, vnnd die Schuler Jme Herrn Albrechten Vff mein erfordern ersuchen vnnd Begern Allen gehorsam Reuerentiam vnnd honorem debitum promittirt, Vff dem Fall meiner Resignation Alle Requisita vnnd Gebühr zu laisten vnnd zu halten, vnnd damit Auch er Herr Albrecht mit mererm Vleis, Willen, Lust Eyffer vnnd befferer Gelegenheit solchem solnem Beuelch, vff den Fall zu geleben, vnnd nachzusehen, So soll er mit der Vnnderhaltung Tisch Kleider, Gemach Auch mit täglichem Nottwendigem barem Pfennig nach seinem Standt, Ehren, vnnd Notturfft versorgt vnnd versehen werden, wie dann mer hocherzeltes meines gnedigen Fürsten, vnnd Herrn selbs gnedige, vnnd endliche Meinung vnnd Will ist, Damit dann Auch mein vorhabend Resignation solche Beuehlung, vnnd Vorsehung in Secularibus vnnd in Spiritualibus biß zu Ainem anndern Anwesenden Regierenden Praelaten, von Niemandt getadelt, oder widertriben werden mege, Dieweil solches In meiner freyen macht Willen, vnnd besehen steet, vnnd Als In Secularibus, zu dem auch Ain personal vnnd solch Werckh ist, So hochgedachtem Fürsten Als meines Clöfters Advocat Caften. Vogt, Erb Schuh vnnd Schirmb-Herrn, Auch Lanndsfürsten vff Abmanglen für sich selbs,

vnnd

Beylage XCVI.

vnnd ohne diß zustuende, So gerede Ich bej meinen Abbteylichen Priesterlichen Würden, das Ich zu vorhabender Resignation vnnd obgeschribner Beuehlung vnnd Fürsehung vff denn Fall von Niemandt beredt, hunderfüert, gezwungen, noch gedrungen, sonnder wolberathenlich, vnnd bedächtlich zu solchem Räthlichen fürnemmen. gutwilligt wissendt, vnnd verstendtlich kommen bin, vff das Auch dise mein Hanndlung fürnemmen, will, vnnd meinung desto Richtiger verstannden vnndt vermerkht werde, hab Ich selbig Alle vnnd Jedes vff dis Pergament schrifftlich gebracht, vnd verzeichnet, Auch mit Aigner Hanndvnnderschriben, vnd mit meinem Abbteylichen Innsigel besigelt ꝛc. Wann nun hochermelter Fürst, sambt Jr fürstl. Gn. Räthen damals wie noch sich wol zu berichten gehabt, das solche Resignation oder Cession so leuchtlich nit geschehen, vnnd fürgeen kende, Sonnder von Rechts vnnd Gewonheit wegen, Ain merers darzu erfordt werde, haben doch Jr fürstl. Gn. Allerhanndt Ursachen, vnnd Bedenncken, so sie ermelts Abbts Persohn halber gehabt, Jne Prelaten sein Begern damals nit Abschlagen wöllen, Sondern dasselbig dergestalt Angehert, vnnd angenomen, Auch in Euentum seiner begerten Competents, vnnd Vorbehalts halber, mit Jme sich verglichen, das solche sein vorhabende Resignation An denn Hochwürdigen Fürsten vnnd Herrn, Herrn Johann, Bischouen zu Straßburg, vnnd Lanntgrafen Jn Elsäß ꝛc. ermelts Gottshaus Ordinarium zuuorderst gelanngt, vnnd der Actus resignationis vor dem Praelaten seines Ordens, oder wie es sich sonst gebürt, verricht werde, vnnd geschehe, Wie dann deshalber den 11. Aprilis Anno 84. An hochermelten Ordinarium geschriben wider Antwurt eruolgt, vnnd ohne lenngst darnach hochermelter Fürst Marggraue Philips Ausser Lanndis verraißt, vnnd Also die Sach biß Anhero Ansteen belieben, Nicht destoweniger Aber vilermelter Abbt Jn Abwesen seiner fürstl. gn. etlichmal bej derselben heimgelaßnen Canntzlern vnnd Räthen für sich selbs vnnd Anndere schrifftlich, vnnd mündtlich vmb Befürderung der sachen Embsig Ansuchen, vnnd Ernstlich solicitirn laßen, dessen gnugsamer Schein, vnnd sein selbs Aigne schreiben, Jn guter Anzal darumb vffzulegen vnnd zu beweisen. Wann aber Jn Abwesen hochermelts Fürsten nichts endtlichs mit Jme gehanndelt werden mögen, vnnd Jm Werckh geuast, Auß sonnderer Vrsachen bey Bapstlicher Hälligkait, vnnd Verendrung dieses Closters Anzuhalten, Auch das solches mit maß, vnnd Ordnung, wie zu seiner Zeit zuerkhennen geben würdt verendert werden wegen, erhalten worden, vnnd hochermelter Fürst Marggraf Philips ꝛc. wider zu Lanndt khommen, habe Newolicher Zeit ermelte Praelat vnangesehen er wol gewißt, was er Jnsonnderheit der Resignation halber hochermeltem Ordinario Auch sonnst für Ald selblich erstattet, denen solch Werch, vnnd Vorhaben vngemeß, vnnd dergestalt zu geschehen, zu wid gewest, were Abermals vff sein hieuor vbergebene formam Resignationis vel Cessionis hefftig gedrungen, darunder selbst geschriben vnnd seinen Schaffner Sebastian Hormolden, dem er deßhalber Ain sondere Vollmacht geben, wider etlichmal zu fürstlicher Canntzlej Abgefertigt, darunder weiter haundelen, vnnd zum höchsten darauff tringen vnnd Sollicitirn laßen, Also ist Jme Praelaten durch gemelten seinen Schaffner etlichermaßen der Jnnhalt erlanngter Bullen zuuersteen geben, vnd Angedeut worden, die er sein vermeinte Cession, oder Resignation darauff fundiren solches gegen menigclich seiner Persohn halber desto verantwortlicher, vnnd bj gannz Werckh An Jme selbs bestenndig vnnd Crefftiger sein mecht, hab er Praelat Jme solches nit Allein wol gefallen laßen, sonnder Allsbald selbs Abermals ain Newen modum oder formam resignat denn fürstlichen Räthen fürgeschriben, vnnd durch ermelten Schaffnern neben seiner schrifftlichen Erclerung überreichen, vnnd zum Ernstlichsten solicitirn laßen, wie dieselb von Wort zu Wort hernach Nach geschriben Also lautet:

Jn

Beylage XCVI.

In GOTTES Namen Amen, Kund vnd zu wissen sey allermenigclich, so diß gegenwertig Instrument, Ansehen, oder Hören lesen, das In dem Jahr Als man zalt nach Christi Geburt, Ain tausendt, Fünffhundert, Achtzig, vnnd Fünffe, vnd Neunzehenden Tag des Monats Octobris Stylo Antiquo, Der Römer Zinnß Zal ꝛc. zwischen Siben, vnnd Acht Vhren Vormittag bej Regierung deß Allerdurchleuchtigisten ꝛc. zu Straßburg In Schwarzacher Heff In der Abbtey-Stuben vor mir nachgeschribnem offenem Notario, vnnd glaubwürdigen Gezeugen, Inn der Person selbsten erschinen ist, Der Erwürdig Andechtig vnnd Geistlich Herr Johann Caspar Abbte des Gottshaus Schwarzach, Benedicter Ordens Straßburg. Bißtumbs, vnnd gab mir zu uernemmen, Nachdem er nun etlich Jar hero, das er zu Vorstanndt seiner Abbteyischen Administration bey dem Gottshaus Schwarzach vielfeltigen Vrsachen, vnnd Vmstenden wegen, wie Ainem Regierenden Praelaten neben dem Gaistlichen Auch die zeitliche Administration zuuerwalten gebürt, besonnder zu diesen geschwinnden Zeiten, vnnd Leuffen zu wenig vnnd schwach sein, bei sich selbs befunden, vnnd da er gleich lennger Zeit bej seiner Praelatur bleiben sollte, sollches nit Allein, dem Gottshaus zu merklichem Schaden gerathen, sonder er Auch In seinem Gewissen dessen hochbeschwerdt wurde. vnnd gegen Gott schwere Rechnungschafft geben müeste, wie dann sollches sein Vnuermöglichkeit, vnnd schwachheit An denn Allerheilligisten vnd Hochwürdigsten In Gott Vattern vnnd Herrn, Herrn, Gregorium denn dreizehennden diß Nahmens Babst des heiligen Stuls zu Rhom, höchstseligste Gedechtnus ordentlich gebracht, vnnd gelanngt worden, vnd Ir Bäbstlich Heilligkeit darbej Aller sach Beschaffenheit mit Ime Praelaten, vnnd seinem Gottshaus, Allergnedigist betrachtet, vnnd beherziget Auch Auß sönnderm Gottseligem Euffer gnedigste Verordnung vnnd Fürsehung gethan, Das er Praelat nun fürohin Alle temporalitet seines Gottshauß Schwarzach sich entschlagen vnd müessigen Vnd allein sein nothwendige Vnderhaltung bei dem Gottshaus mit seinen Conuentualen, die Tag Ires zeitlichen Lebens haben, vnnd Regulariter leben sollen, vnnd dann des Closters Schwarzach weiter Gefell prouentus, vnnd einkommen zu Anstellung vnnd erhaltung Aines Seminarii durch die Patres Societatis Jhesu In dem Fürstenthumb der Obern Marggraffschafft Baden, vmb fleissiger Bitt willen, des Durchleuchtigen Hochgebornen Fürsten vnnd Herrn, Herrn Philipsen Marggrafen zu Baden, vnnd Hachberg, Grauen zu Spanheim vnnd Eberstein, Herr zu Lahe vnnd Malberg ꝛc. Dem Almechtigen Gott zu Lob vnnd Ehr zu mer Aufferbawung der Christlichen Catholischen Religion, vnnd Beförderung gemeinen Nuzes, Wolphart verwendt, vnnd die Patres Societatis Als wesentliche Werckzeug zu solchem Seminario, vmb Irer Bequemlichait vnnd Nottrufft willen sollen erhalten werden, Auch die Verwaltung Aller temporalitet mergedachtem Gottshaus Schwarzach, mit Lannt vnnd Leuthen an hocherweltem Fürssten Marggrauen zu Baden, würcklich gerathen, kommen vnnd gefallen sein*, Alles vermög, vnnd Innhalt Ainer Apostolischen Bullen, von Ir Heiligkait höchstseligster Gedechtnus vbgannngen mit Angehenckhter Confirmation Jezt Regierend Bäpstlicher Haylligkait Sixti quinti so Ime Praelaten für komen, gewisen vnnd gelesen worden, Das er demnach off Allen sorgen, gefahren vnd widerigen sich zu liberiren off lanng gehaltten nothwendige Berathschlagung, mit Geistlichen vnnd weltlichen, Ime vertrauten wolmeinenden Herrn, vnnd Freunden, vnnd Dero Rathsam erachten, Alle Temporalitet des Closters Schwarzach, ohne Ainich bereden, hünderfüeren, Lüst, Forcht, Betrangnus noch Zwang, Sonnder Auß freyen ledigen wolberathenlichem Willen, wie auch zuuorderst vß schuldiger Parition vnnd Gehorsame Angezogener Apostolischer Bullen, hocherweltem Fürsten Marggrauen zu Baden, Als ohne diß des Gottshaus Schwarzach Lanndesfürsten, Casten-Vogt, Erbschuz, vnnd Schürmbherrn zu

R   beneh-

---

* S. den Entwurf der Cession unter der Ziffer CLXIII.

beuehlen vnnd zu übergeben, bedacht, vnd entschloffen, wie Allberait bei Jr fürstl. gn. er seinen beraiten Fürsatz vnnd willen vnnderthenig Anbringen vnnd zu solcher Vffnehmung vnd fürderlichen Expedition Bäpstlicher Hailigkeit Bullen, so Jr fürstl. gn. bei Hannden haben, gnedige, vnnd willige Erclerung befunden vnnd wiewol sich zu würckhlicher Vortsetzung Aines solchen Wercks zuvordst gezimmen, wie Auch die Notturfft erfordern thete, Inn das Gottshaus Schwarzach sich zu stellen, seinen Vnnderthanen vnnd Leuthen, wie Auch beampten verpflichte Dienern, seinen Abstandt, von der Temporalitet In der Person selbsten, zu eröffnen, vnnd vorzuhalten, Sy der Huldigung mit welcher so Jme noch verwanndt, vnnd zugethan, Also gegenwertig zu erlassen, vnnd zu entschlagen vnnd An mer hocherwelten Fürsten Marggrafen zu Baden, gleich In puncto zu weisen, vnnd Alle Temporalitet Jr fürstl. gn. zu übergeben vnnd zu beuehlen, das Jme doch die gelegenheit Inn der Persohn solchen Actum zu halten, Sowol leibs Vnuermöglichait, Als Anndern Ehehafften Verhünderungen wegen, entzogen, Als er bej seiner Treu An Aidtsstatt In mein des Notari Hanndt gegeben, behielte, hierumb so gab, vnnd beraich er seinen Volmechtigen gewalt vnnd ganz volkhomen macht, Jnn Aller bestenndigisten vnnd Crefftigisten Form, Aller Gerichten, vnnd Rechten, dem Erwürdigen, Gaistlichen vnnd wolgelerten, Herrn N.N. Pfarrherrn zu Offenburg, der zugegen vnnder Augen stund, vnnd denn Also williglich An sich nam von seint wegen, vnnd In seinem Namen, Jnn dem Closter Schwarzach, neben mehrhochgedachtem Marggrauen zu Baden Canntzler, vnnd Räthen, oder welche Jr fürstl. gn. dahin deßwegen Abordnen werden Allerfürderlichst vnnd Ehelst zu erscheinen die Vnnderthanen Aller darzu vnnd Angehörigen Dörffer mit leuten der Glocken zusammen beruffen zu lassen, seinen habenden gewalt mit Aller gebürender Verberaitung mit lauter erhebter Stimm verstendtlich Jnen eröffnen, des Herrn Praelaten willigen Abstanndt von Aller Zeitlichkeit des Gottshaus Publicken, Die Vnnderthanen Jrer Huldigung, wie Auch Alle Beampte vnnd verpflichte Diener Jrer verpflicht, mit welcher so dem Herrn Praelaten biß Anhero zugethan geweßt, genüglich erlassen, vnd sy An offtgedachten Fürsten Marggrauen zu Baden, Also gleich In Puncto würckhlich weisen, Jr fürstl. Gn. zu schweren, vnd zu Hulden, derselben In Allen gebotten, vnnd Verbotten Als gelobt, vnnd geschwornen Vnnderthanen gebürt, schuldigen gehorsam zu leisten vnnd das Closter mit Lanndt, vnndt Leuten Alle Weltlicher Haußhaltung dessen Einnemen, vßgeben, Renthen, Gülten Zinnsen, Zehennden, Rechten gerechtigkeiten, Gericht, Oberkait, gebott, Verbott, Freuel, Buessen, vnnd Alles Annders, was vnnder die Secularia, vnnd weltliche Administration berüerts Closters gehörig, darein gerechnet vnnd darunder begriffen, wo die gelegen, vnnd wie die Jmmer genannt, Jnn Verwaltung, vnnd Versehung Jr fürstl. gn. vnnderthenig beuehlen, Das nun furohin Jr fürstl. Gn. Dero Erben vnd Nachkhommen zu Ewigen Zeiten vnnd Tagen, nach Jr fürstl. Gn. Belieben, vnnd mer höchstgedachter Bäpstlicher Hailigkeit Disposition, vnnd Verordnung nach, des Closters Vnnderthonen, vnd Leuth zu Regieren, die Geféll vnnd Einkhommen zu administriren, vnnd Alles zu thun, vnnd zu lassen, Als Jr fürstl. gn. füeglich sein würdet, darauff er Praelat bei Hanndgebner Treu sich Aller Gerechtigkeit, so er des Gottshaus Schwarzach halben praetendiren oder haben möchte, mit dessen Lanndt, vnnde Leuthen, Aller Rennt, vnnd Geuell, Gericht, Oberkeit, Gebott, Verbott, Freuel, Straffen, Buessen vnnd Alles Annders, was dem Closter Schwarzach An Allen Ennden, vnnd Orten zugehörig ist, sein khan, vnnd darum nichts Außgenommen, noch hindan gesetzt, frey, wolbedächtlich, Auch vermög Apostolischer Bullen schuldiglich, sambt Aller vnnd Jeder Geistlichen vnnd weltlichen Rechten, Freyheiten, Statuten, Ordnungen, Absolutionen, Dispensationen, Restitution in Integrum, Vnnd sonnderlich was Geistlichen Stanndts Ordens-Persohnen In Geistlichen vnd weltlichen Rechten zu gutem geordnet, vertzigen, vnnd begeben hat, Auch der Exception Doll mali Betrugs, Forcht, Zwanngs, vnnd des Rechtens gemeiner

Beylage XCVI.

ner Verzeyhung widersprechende, Vnnd nachdem der Herr Praelat mir solchen seinen beständigen Willen, Auch von sich gegebenen Gewalt, Aller sachen Als obgeschriben steet, Auch Hanndtgebne Trewe An Aidtstatt nur gegeben, So hab Ich der Notarius diß gegenwertig warhafftig Offen Instrument Anstatt glaublicher Vrkundt, Vnnd gezeugtnus Als mir Ambtßhalben gebürt, verfertigt vnd in dise offne Form gebracht, vnnd seind diese geschehen Im Jahr Indiction, Regierung, Monat, Tag, Stundt, vnnd Ort Als obsteet, Jnn gegenwertigkeit der Erwürdigen, Ernuesten, vnnd hochgelerten N. N. Als glaubhafftigen gezeugen, sonnderlich hierzu erfordert, vnd erbeten. Wann nun nit ohne, das vff obgeherte Fürschläg, vnnd Anbringen, Auch erlangte Bullam mit vilgemeltem Praelaten man sich Inn Hanndlung eingelaßen, Aber hochermelts Fürsten Marggraue Philipsen, vnnd derselben fürstlichen Herrn Räth Intention, will, oder Meinung Annderst nie geweßt, Auch noch nit seye, dann die sach wegen erlangter Bull mit dem Abbt wie billich zuuorderst zuuertgleichen, Vnnd dann Ehe, vnnd zuuor, was Enndtlichs geschloßen, oder Abgehandelt werde, solche sambt der Veraleichung An gebürenden Orten insinuiren, vnnd darauff wie sich gebürt, procediren, vnnd hanndlen zu laßen, das deßen von Rechts, vnnd ernanter Bull wegen niemandts mit Fug oder Recht sich zu beschweren, oder Crafft derselben Ainige Einredt, oder Hündernus haben, vnnd fürwenden mögen, Wie dann Auch noch zur Zeit das wenigst mit Ime Praelaten beschloßen, oder gemelter Bullen halber, vff Ain oder denn Anndern weg, fürgenommen, vnnd Angestellt worden, deßen Aber vnerwart, Auch vngedacht d. Pflicht, damit er Abbt hochermeldten Fürsten zugethan, habe er Newlich, vnnd Inn werennd Hanndlung, weil er sein Gesanndten, vnnd Volmechtigen zu Baden mit denn fürstlichen Räthen, trungentlich hanndlen laßen, vnnd seines teils zu schließen begert, Alles was fürgeloffen, vnnd Auff sein selbs Anerbueten, vnnd begeren nach Im tractiert, Aber doch noch Im wenigsten beschloßen, Angenommen, oder zu Werckh gezogen worden, mit höchstem Vngrundt vnnd vil weitleufftiger oder Annderst, dann sein Schaffner vnnd Beuelchhaber In werender Hanndlung berichtet, oder sich künfftig befunden würdt, Dem Hochwürdigen Fürsten vnndt Herrn Herrn Eberhardten Bischouen zu Speyr, Probsten zu Weißenburg ꝛc. Kaiserlicher Cammer Richter, nicht Allein selschlich, vnd nichtigelich An, vnnd fürbracht, Sonnder Auch mit vnnd neben Hochermeldten Iren Fürstlichen Gn. vff solch vnersündtlich vnnd vnbewißlich Angeben vnnd berichten, An dem Kaiserlichen Cammer Gericht Ain Ehrenwirg hochbeschwehrlich vngewonlich Mandat vnnd Proceß oder Inhibition wider hochermelten Fürsten Marggraff Philipsen ꝛc. seinen Lanntsfürsten, Erb-Casſten-Vogt Schutz-vnnd Schürmherrn ꝛc. Dem er auch mit Raths-Pflüchten verwanndt vermeintlich Außbringen, vnnd Ir fürſtl. gn. dar Innen Alſo diffamiren, vnnd An derselben wolhergebrachten Fürstlichen Ehren vnnd Reputation Angreiffen, vnnd beschelen helffen, das Ir fürstl. Gn. so wol, gegen Hochermelten Fürsten, vnnd Bischoff, Als Ime Praelaten Respective solches der Gebür zu Annden, vnnd Außzuführen vnumgenglich, vnnd zum höchsten, nottwendig, wie Ir fürstl. Gn. Auch hiemit solches deren fürstlichen Ehren, Dignitet, vnnd Stanndts notturfft nach gebürend weiß zu thun protestando vorbehalten haben, Jetzmals Aber vff sein Ort vnnd Zeit einstellen, Alßdann Aber Außerhalb Angeregter Injurj vnnder Anndern in ermeltem Mandat Auch nichtigelich gemeldet, vnnd fürgeben, das gedachter Abbt Crafft obangeregter Bullen, vnnd Indults In schrifften Ernſtlich requiriret, von dem Cloſter genntzlich Abzutretten. Darauf zu renunciiren vnnd derwegen Ime Ain schrifftlich Renunctiation zuuersiglen zugeschickht, mit der Angedenweltten Ernstlichen Betrawung, Er Abbt versigle gleich solche Renunctiation, oder nit, So werde doch Anwaldts Principal, vnnd gnediger Fürst vnnd Herr, nicht desto weniger des Cloſters vnnd deßelben zugehörigen Temporalitet ſich Annemen, Ime Abbt Auch darneben geschriben, das er denn Neun und zweintzigſten diß ſchieriſt künfftig Stylo Nouo, zu Schwartzach die Vnnderthonen der dreytzehen Dörffer, Auch die Beambten Ire Abbt

M 2   vnnd

vnnd Pflichten, damit ſy Jme verwanndt vnnd zugethan relaxiren entſchlagen, vnnd An Jr. fürſtl. gn. welfen ſolle ꝛc. Wann nun ſolches Alles der lauter Vngrunndt, vnnd Vnwarheit, vnnd das es Alſo wie er Abbt fürgeben, oder dem Mandat einverleibt, vnnd was weiters dann obgezelt, er ſelbs verurſacht, begert, vnnd Angeboten, mit Jme gehandelt, oder Aber gedachter Bullen halber noch zur Zeit Alniche Newerung vnnd Ennderung Angeſtellt vnnd fürgenommen worden ſey, Nimmermehr bewiſſen vnnd dargethon werden khan, vnnd Alſo Aus dem Allem erſcheindt, mit was Betrug, Vortheilhafftigkeit, vnnd VnErbarkait er Praelat Jn dem gehanndelt, das er nit. Allein, Anfengklich wider ſein gelaiſte Pflicht, Anwaldts Principaln dergleichen Reſignation vnnd Ceſſion ſelbs offerirt vnnd zu thun ſich erbeut, ſonnder Auch hernach darauff Alſo tringen, hanndlen, vnnd darneben Jn werender Tractation demſelben zuwider verfertl. weiß dʒ widerſpill mit ſolchem Vngrundt bei hochermeltem Fürſten dem Biſchouen zu Speyr, vnnd endtlich Auch An dem Kapſerlichen Cammer-Gericht ſucht, vnnd ſelber für-vnnd Anbringt, welches Alles Anwaldts Principal, Jetzmals Alhie weitleufftiger zu entdeckhen, oder der gebür zu beſchreiben kürʒe halber vmbgeen, Sonnder An ſein gehörig Ort ſparen, Einſtellen vnnd vmb ſolcher des Abbts Leichtfertigkeit, vnnd Vnbeſtendigkait willen hiemit Alles, was zwiſchen Jr fürſtl. gn. vnnd Jme dieſer ſachen halber vor der Zeit, Auch Newlich mundtlich vnnd ſchriffelich verhanndelt, vnd fürgeloffen, reuocirt, Caſſirt, vffgehaben, vnnd was ſich ſorwol ſeiner Perſohn, Als Auch erlanngter Bullen, vnnd darüber Außgebrachten Kayſ. Mandats halber weiter Angebürendem Ort zu hanndlen, vnnd fürzunemmen, gebürt, hiemit vorbehalten ſich erbotten, Vnnd damit Alſo dem Außgannganen Kayſ. Mandat vnnd Proceß Ain genügen gethon haben, Wie dann Auch re ipſa das wenigſt, was Jn gemelten Mandat der Bull halber fürgenommen vnd geſchehen ſein, vermeldet, vnd Angezoigen würdt, nit fürgangnen oder zu werckh gebracht, ſonnder noch Alles in priſtino Statu vnnd Jme Abbt der Zuganng, oder Adminiſtration, vilermelts Cloſſters daburch ſo wenig, Als hievor nit benommen, verſpert oder verwert iſt, Welches Alles Anwaldts Principal mit Vorbehalt Jr fürſtl. gn. habenden Rechtens, vnnd Gerechtigkait, Auch obangezogener Iniurj vnnd Diffamation, Euch Kayſerlichen Notarien darumb Alſo erzellen, fürbringen, vnnd vermelden laſſen wöllen, das Jr ſolches Alles in notam nemmen, vnnd denn Jnnhalt dieſes Parition Revocation oder Proteſtation-Zettels, wieder zu nemen, ſo ſchrifftlich, ſo mundtlich villermeltem Abbot, Jn Beyſein glaubwürdiger gezeugen Als Ain offentlicher Notarius Ambtßhalber Inſinuiren, Anmelden, fürtragen, vnnd darüber Ain, oder merer Offentliche Inſtrumenta, ſolche Angebürenden Orten, der Notturfft nach-zu gebrauchen, haben Auffrichten vnnd verförttigen wöllen, hierüber Euch Ambts halben Ordentlicher, vnnd gebürlicher weiß requirirendt, vnnd erſuchent, Als nun obinſerirter Zeti vor hernach bemelten Gezeugen offentlich verleſen geweſen, hat merernanntter Herr Canndler, Doctor Johann Aſchmann mich Notarium Ambts halben requirirt, vnnd Erſordert, denſelben, vnnd Alles dʒ Jenig, was dar Jnn verleibt, gedachtem Herrn Abbt zu Schwarzach An Ort vnnd Enden, Allda er Anzutreffen, der gebür zu inſinuiren, vnnd Anzumelden, vnnd volgendts darüber hochermeltem ſeinem gn. fürſten vnnd Herrn, Ains oder mehr offen Inſtrumenta zu uerfertigen vnnd mitzutheilen, Dieweil dann Jch Notarius Auf obgemelte entſchlagung, vnnd erlaſſung gelaiſter Pflicht, mich ſolches Amts halben zu'thun ſchuldig erkandt, Alſo hab Jch hernach benannte gezeugen, dieſer beſchehnen Requiſition, vnnd Alles Annders ſo vor Jnen beſchehen, Eingedenckh, vnd Zeugen zu ſein, gebürlichen requirirt, vnd darüber diß Inſtrument, Jn gegenwärtiger Form geuerttigt, Obgemelte Dinng ſeindt geſchehen zu Baden, Jnn fürſtlicher Canntzley daſelbſten Jnn der gewonlichen Hofrathſtuben Jm Jar Indiction, Monat, Tag, Stund, vnnd Kayſerlicher Regierung Als obſteet, Jn Beiſein der Ernhafften, vnd Fürnemmen Balthaſar Zunckhens,

vnnd

Beylage XCVI.

vnnd Marthin Weinhag, bald Burger, vnnd des Gerichts zu Baden, Als glaubwürdiger gezeugen hierzu Innsonderheit beruffen, Erfordert vnndt Erbetten.

[L.S] „Vnd dieweil Ich Georgius Reyser von Wimpffen Wormbser Bisthumbs „Aus Röm. Kayl. Majest. macht, vnnd Gewalt Offenbarer Notarius, vnnd „Jetziger Zeit Fürstl. Marggrävischer Secretarius zu Baden, bey Vberrel„chung hievor Inserierten Zettels, erlasung der Pflicht, vnd darauf beschehe„nem Begern mit sambt den benannten gezeugen personlich gegenwertig gewe„sen, solches Alles, vnnd Jedes Also zu geschehen, gesehen, vnnd gehert, hierumb so „hab Ich diß gegenwertig offen Jnstrument, durch Ainen Anndern wegen „meiner obligender gescheft Jn diß Libell off Neunthalben Blat geschriben, „darüber begriffen, vnd Jn gegenwertige Form gebracht, Solches mit mein „selbs Aigen Hannden Tauff vnnd Zunamen vnderschriben, Darzu mit „meinem gewonlichen Signet, vnnd Notariat-Zeichen signirt vnnd bezeichnet „Jn glauben vnnd gezeugthnus obbemelter sachen hierzu Insonnderheit re„quirirt beruffen vnd erbetten."

Georgius Reyser, Notarius subs. in Fidem.

Jn GOTTES Namen Amen, Offenbar und zu wissen, sey Jeder meniglich, durch diß gegenwärtig Jnstrument, das Jn dem Jar nach der Gepurt Jhesu Christi Vnsers Erlösers, vnnd Seligmachers, Tausendt Künffhundert, Achtzig vnnd Sechs gezelt, Jnn der viertzehenden Römer Zinns-Zal zu Latein Indictio genannt, off Doonerstag denn Neunten Januarii dem corrigierten Calender nach, zwischen Neun, vnnd zehen Vhren Vor mittentag, Regierung des Allerdurchleuchtigsten, Großmechtigsten, vnnd vnüberwündlichsten Fürsten, vnd Herren, Herrn Rudolphen des Anndern Erwelten Römischen Kaysers zu Allen Zeiten merern des Reichs Jn Germanien, zu Hungern, vnd Behelm etc. Vnnsers Allergnedigsten Herrn Jrer Kays. Majest. Regierung des Römischen Reichs Jn Allfften, des Hungerischen Jm vierzehennden, vnnd des Behelmischen Auch Jm Allfften Jaren Jn Jrer Kays. Majest. vnnd des Helligen Reichs Statt Strasburg Jn dem Schwarzacher Hoff daselbsten Jnn der anndern Stuben, Jch hernachbenannter Notarius Jnn gegenwertigkeit zu Endt bemelter Gezeugen, off erforderung, vnd requirierung des Durchleuchtigen Hochgebornnen Fürsten vnnd Herrn, Herrn Vhllipsen Margarasen zu Baden und Hachberg etc. meines gn. Fürsten vnnd Herrn Canzler vnnd Räth zu Baden meiner Auch gnedigen vnd günstig Herrn, dem Erwürdigen vnnd Geistlichen Herrn, Herren Johann Casparn Abbt des Gottshaus Schwarzach, meinem gn. Herrn, Jn zuuor bemeltem Jnstrument inuerselbten parition reuocation oder protestation Zell, Als Jch dennselben hernachbenanten gezeugen In der Herrberg zum Hirsch, Jm obern Stüblin zuuor abgelesen, vnnd so gebürender weiß zu Zeugen requirirt, Jnn der besten Form, welß, vnnd maß, wie Jch da Immer von Recht, oder Gewonheit wegen thun sollen, könnden, oder mögen, insinuirt, Angezeigt, verkündt vnnd Anbracht, Jnmassen ich dann Jme Herrn Praelaten von solchem zuuor gemeltem Jnstrument Ain glaubwürdige Collationirte vnnd vom mir vnnderschriebene Copey beneben dem Original zugestellt, mit Begern, dieweil Angeregt Original welter gebracht werden muß, mir daßelbig visa copia widerumb zu restituiren, darauff mergedachter Herr Praelat mir vngeuerlich wie hernach vermelt geanntwortet, Ich möchte das Original widerumb zu Hannden nemen, vnd wolten Ir gn. das Jenig Ich In namen mer hochgedachts meines gn. fürsten vnnd Herrn, vnnd Irer fürstl. gn. Canntzler, vnnd Rath, Ir gn. fürbracht vnnd insinuiret, Angenommen haben, vnnd dieweil die obergebene Copej weitläuffig, vnnd lang dieselbig vbersehen, darüber Raths Pflegen, vnnd sich Aller gebür darauff verhalten, off welches Alles Ich Notarius hernach bemelte gezeugen beschehener Insinuation, vnnd Alles Annders, so vor Inen fürgannen Ingedencht zu sein, Abermals requirirt, vnnd erfordert, beschehen, vnnd verhandelt, seind solche Ding, Im Jar Indiction, Monat, Tag, Stundt, Orten, vnd Kayserlich Regierung Als obstet, Dabei vnnd mit sein gewesen, die Ernueste, vnnd Wolgelerte M. Johanneß Bulach vnnd Hanns Conradt Gretzinger Notarius, beide Burgere zu Straßburg, Als glaubwürdige Gezeugen zu diesem Actu beruffen Erfordert vnnd Erbeten.

[L.S.] „Vnnd dieweil Ich Georgius Reyser von Wimpfen Wormbser Bistumbs „Aus Kayf. Gewalt offenbarer Notarius vnnd Jetziger Zeit Marggräuisch „Secretarius zu Baden bej obgemelter insinuation vnd Anbringung darauff „gegebner Antwurt vnnd Allem Anndern so obgeschriben, sammbt vorgenan„ten Gezeugen gegenwartig gewesen, vnnd Inmasen oben vertzeichnet, souil „mein Person betrifft selbs so handelt vnnd verrichtet, hierumb so hab Ich „diß gegenwärtig Instrument wegen obliegender meiner Geschefft durch Ainen „Anndern geschriben, Darüber gemacht, Solches mit Aigner Hanndt, „Tauff, vnnd Zunamen vnnderschriben, Darzu mit meinem gewonlichen „Signet vnnd Notariat-Zeichen signirt, vnd bezeichnet, zu gezeugnus ob„uerwelter Ding hierzu requirirt, vnnd erfordert.

        Georgius Reyser.
        Subsc. in Fidem.

Beylage XCVII.

Pflichtmäßiges Zeugnüß des F. Archivs Verwalters Wernickau, wegen derer vermuthlich durch den unglücklichen Brand vom Jahr 1688. entkommenen meisten in der Archival-Verzeichniß vom Jahr 1585. bemerckten Urkunden und Schwarzachischen Copial-Buchs.

Daß die wahrscheinlicher Weise in dem unglücklichen Französischen Brand im Jahr 1688. entkommene meiste, in der Archival-Verzeichnis vom Jahr 1585. bemerckte Urkunden, und das Schwarzacher Copial-Buch (aller Mensch-möglichen Bemühung ohnerachtet,) nicht vorzufinden gewesen seyen, wird hierdurch pflichtmäßig attestirt. Rastatt den 7. Aprilis 1773.

      (L.S.) J. C. Wernikau,
     Hochfürstl. Marggräfl. Badischer Rath
       und Archivs-Verwalter.

Beylage XCVIII.

Angeblicher jedoch augenscheinlich untergeschobener Schirm-Auftrags-Brief Kayser Friederichs III. für Marggrav Carln I. zu Baden, über das Closter Schwarzach, unter dem erdichteten

(Jahr 1473.)

(ex Deductione Schwarzacenfi fub rubro Immedietas O.S.B. p. 101.)

Wir Friederich rc. Entbieten dem Hochgebohrnen Carlen Marggrafen zu Baaden rc. und Grafen zu Sponheim, Unserem lieben Schwager und Fürst, Unsere Gnade und alles Gut.

Hochgebohrner lieber Schwager unnd Fürst. Uns ist angelanget daß die Ehrsamen Geistlichen Unsere liebe Andächtige, Abt, Prior, und Convent des Gotteshuß zu Schwarzach, Sanct Benedicten Ordens, im Straßburger Bisthum gelegen, an ihrs Gottshuß Gnaden, Güther, und Gerechtigkeiten, damit sie von Weyland Unseren Vorfahren am Reich Römischen Kaysern und Königen löbl. begnadet, und gefreyet gewesen, und Wir ihne die jetzund als Römischer Kayser gnädiglich confirmiret und bestättiget haben, in vergangenenn Zeiten fast und mercklich beschwehret, und übergriffen worden, und in Sorgen syend daß ihne solche Beschwehrung und Uebergriff von etlichen ihren Anstößern künfftiglich noch ferner begegnen und zugezogen werden mögten, wo wir sie hierinnen mit Schirmen und Handhabung nicht fruchtbarlich versehen. Wenn nun das benannt Closter ohn Mittel unter Unsr und des heiligen Reichs Oberkeit gehöret, deßhalb Uns gebühret, und zustehet, dem Abbt vnnd Convent deßelben Closters einen Vogt und Schirmer zu geben, der ihnen allernutzlichst und gelegenst ist, und Wir dann glaublich unterrichtet werden, daß das benannt Closter uß Bevelch Unserer Vorfahren am Reich und sonst viel Jahr und Zeit in deiner Vorfahrer, der Marggravschaft zu Baden, und deinem Schirm gewesen, und solcher Schirm dem Closter zum guten Nuzen erschoßen sey; * Darum mit wohl bedachtem Muth, gutem Rath, und zeitlger Vorbetrachtung und angesehen den löblichen Gottesdienst, der in benannten Closter täglich vollbracht wird, den Wir geneigt sind allzeit zu fürdern und zu handhaben;

Auch

*. Der Verfasser dieser verdächtigen Urkunde, hat gleichwohl hier der Wahrheit zu Ehren gestehen müßen, daß Schwarzach schon vor dem Jahr 1473. nicht bloß aus Kayserlichem Special-Auftrag, sondern auch sonsten, nicht bloß in sein des Marggraven Carlo, seines Herrn Vaters des Marggraven Jacobs, und seines Herrn Großvaters des Marggraven Bernhards, sondern in seiner Vorfahren, ja in der Marggravschaft Schirm gewesen und noch seye. Welche Kraft hat nicht die Wahrheit!

Auch betrachtet daß daßelb Closter der Marggraffchaft Baaden allernächst*
gelegen ist, und ein mercklliche Gewahrheit** und Nahrung darin*** liegen
hat, So stellen Wir von Röm. Kayserl. Macht Vollkommenheit, in Krafft dieß
Briefs, dir deinen Erben und Nachkommen, die Vogtey und Schirm des obgenannten Closters Schwarzach, mit allen seinen Lühen, Güther, und Zugehörungen gar
nichts uß genommen von neuem**** gnädiglich zu. Und meynen setzen und wollen,
daß du deine Erben und Nachkommen, zu ewigen Tagen Daselbst zu Schwarzach
von Unßer und des Reichs wegen, Vogt und Schirmer seynd, und daßelb Closter
mit samt allen seinen Lühen, Güthern, Gerechtigkeiten Gewahrheiten, und Zugehörungen an Unser unnd des heiligen Reichs Statt in allen weltlichen Sachen und
Geschäfften zu Recht und Blligkeit, getreulich handhabet, schützet und schirmet und
sie fürbaßer wider Recht niemand tringen oder beschwehret laßet, noch des jemand
gestattet, daran thut Ihr Unsere ernstliche Meynung und gut Gefallen.

Und Wir gebiethen darauf dem Abbt Prior und Convent die jetzund zu Schwarzach sind und künfftiglich da seyn werden, von egerührter Kayserl. Macht ernst und
festiglich mit diesem Brief und, by Verlierung aller und jeglicher ihrer Gnaden, Freyheit und Privilegien, daß sie dich deine Erben und Nachkommen hinfür zu ewigen
Zeiten für ihren Vogt und Schirmer haben und haltend, und ohn Unser oder Unsere
Nachkommen am Reich sonder Befehl und Verwilligung keinen andern Vogt noch
Schirmer nimmermehr uffnehmen, als lieb ihnen sey, Unser Huld zu haben und
schwere Ungnade zu vermeiden. Mit Urkund dieß Briefs rc. ut in forma Anno 1473.

---

* Allernächst ist kein Wort der damaligen Zeiten, mithin offenbar untergeschoben. Hätte
es gebriffen: also gelegen, wie der Verfaffer des Sigismundischen Schirm-
Briefs sich außgedrückt hat, so hätte es sich noch hören laffen. Allernächst ist
aber eine Geburt der Finsternuß.

** Gewahrheit, possesio, bona des Closters.

*** Darin; In der Marggravschaft also liegen des Closters merckliche Besitzungen und
Nahrung. Nicht etwa ein kleiner sondern ein großer Theil. Daß die Abtsstäbe
hierunter verstanden werden müßen, ergiebt sich daraus ganz unwidersprechlich,
daß dasjenige, was das Closter Schwarzach damals außer solchen in der eigent-
lichen Marggravschaft besaße, (denn Stollhofen ist ein neo-acquisitum von
denen von Windeck) entweder nichts, oder eine wahre Kleinigkeit gewesen ist.

**** Was soll dieses: von neuem, heißen? Soll es heißen den alten Titel und Besitz auf-
heben? Wer wird dieses von Kayserlicher Majestät vermuthen, und von dem
Marggraven glauben? Soll es heißen, die von denen Voreltern hergebrachte
Vogtey, und das alte Schirm-Recht bestätigen? Was gewinnet alsdenn das
Closter?

Beylage XCIX.

Vermeintlicher Revers Marggraven Carls I. wegen der bestätigten Casten-Vogtey Closters Schwarzach.

(Jahr 1473.)

(ex Deductione Schwarzacensi Immed. Ord. S. B. p. 102.)

Wir Carl ꝛc. Thun kund allermänniglich. mit diesem Brieff; Als der Aller-Durchleuchtigste Fürst und Herr Friederich Römischer Kayser zu allen Zeiten Mehrer des Reichs zu Ungarn Dalmatien, Croatien ꝛc. König, Herzog zu Oesterreich zu Steyer ꝛc. Unser allergnädigster Herr Uns jetzund Die Cast-Vogtien, der Gotteshäußer Schwarzach und Tennebach die Unsere Forderen * seeliger Gedächtniß, und Wir biß der gehabt und herbracht hand von Unserer Bette wegen von newem confirmirt und bestettiget, ** Auch, sunst uff Bette des Abbts zu Herrenalb ihm einen Brieff daselb Clöster antreffend, außgelaßen und doch solche Brief bißher verhalten hat etwas Fürnehmens halb, daß sein Gnad aus Kayserlicher Oberkeit in Willen sey, mit den und andern Clöstern zu handlen, und dem heiligen Reich gehorsam zu machen, *** Da haben Wir gegen Uberhebung der jetzt gemelten Briefen dem obgedachten Unseren allergnädigsten Herrn dem Römischen Kayser geredt und versprochen geloben und versprechen auch in Krafft dieß Brieffs by Unseren Fürstlichen Würden für Uns und alle Unsere Erben und Nachkommen ob es wäre, daß sein Kayserl. Gnad, oder seiner Gnaden Nachkommen am Reich über kurz oder lang gegen den obgenannten und andern Clöstern in dem Reich in obgeschriebner Maß icht fürnehmen und handlen würden, in was Form und Wiße das geschehe, gar nicht ußgenommen, Daß wir dann der vorgenannten Cast-Vogtien halb daran nit Hinderung thun, sondern nach unserm Vermögen die benannten Clöster dazuhalten und mit ihnen

O   schaffen

---

* Nicht Marggraven Jacob und Bernhard allein, sondern Unsere Forderen, majores nostri.

** Wäre der Brief vom Jahr 1473 ächt, so müßte dieser zeigen, daß das in jenem erfindliche Wort von neuem, aus diesem Briefe und Revers seine Erläuterungen empfangen, daß urkundlich die alt hergebrachte Casten-Vogtey nur von neuem confirmirt und bestätiget worden, und dieses ist alles, was haben verlangen kan. Denn da der vermeintliche Auftrags-Brief vom Jahr 1422. keine Kasten-Vogtey sondern nur die anempfohlne Handhabung gegen Ludwig von Lichtenberg besaget, und gleichwohl anderer oben schon vorliegender Urkunden, z. E. der Beylage X. und LXXXIX. zu geschweigen, mittelst Vorlegung des gegenwärtigen Entwurfs etlichen eingestanden wird, daß die Casten-Vogtey schon lange vor dem Jahr 1473. von des Marggraven Vordern hergebracht worden seye, so erhellet sich hieraus der Schluß, daß die Casten-Vogtey des Fürstlichen Hauses über Schwarzach unter die Rechte gehöre, de quorum initio non extat memoria; welche mithin in der vetustate quæ vicem legis tenet weit mehr, als in verdächtigen Briefen Grund und Sicherheit finden.

*** Es ware also dem Reich noch nicht gehorsam, sondern es sollte erst gehorsam gemacht werden.

schaffen sollen und wollen, darin gehorsam zu seyn * und sich darwider nie zu setzen, in kein Weiße also daß je solche obberührte Bestätigung dem bemelten Unserem allergnädigsten Herrn dem Römischen Kaysern und seinen Nachkommen am Reich jetzund und in künftigen Zeiten an ihrer Oberkeit, Gebotten und Verbotten zu dem vorgenannten Closter ganz unvorgreifl. und dadurch nit benommen noch abgestalt, sonder alle Zeit vorgehen und durch Uns, Unsere Erben und Nachkommen gefürdert seyn soll, alles ohne Gefährde. Und deß zu wahren Urkund haben Wir Unser Insiegel thun hencken an diesen Brieff, der geben ist zu Trier uff Sanct Gallen Tag des heilligen Beichtigers Anno Domini MCCCCLXXIII.

Beylage C.

Schwarzacher Schuld-Verschreibung, in welcher die Lage des Gottes-Haußes Schwarzach in dem Fürstenthum der Marggravschaft Baden eingestanden, und der Marggrav als der Landsfürst anerkandt wird.

(Jahr 1612)

Wir Georg aus Göttl. Vorsehung Abbt, auch Prior und gesamte Conventualen des Gotteshauß Schwarzach Benedictiner-Ordens, in dem Hochlöbl. Fürstenthum der Marggraueschafft Baden gelegen, und wir Schultheiß, Burgermeister und gantze Gemeindt beeder diesem Gottes-Hauß zugehörigen Flecken Schwarzach vnd Vindtbuch bekennen hiemit offentlich und wohlbedächlich vor Uns vnnd allen Vnnßern Nachkommen: „Daß Wir durch sonderbare gnädige Bewilli„gung des Durchleuchtigen Hochgebohrnen Fürsten und Herrn, Herrn Georg Frid„richen Marggraven zu Baden und Hachberg, Land-Graven zu Sausenberg, Herrn „zu Rötteln vnnd Badenweiler ꝛc. ꝛc. Vnsers gnedigen Herrn vnd Landsfürsten „vmb Vnßers Gotteshaußes erspießlichen Nutzens, vnd Abwendung antrawenden „großen Schadens Willen verkauft vnd zu kaufen geben haben, verkaufen auch hie„mit und in krafft dieses Briefs, wißentl. und wohl bedächtl., dem Ehrnvesten, „vorgeachten Jacob Kasten zu Hörden, Hochgedachter Ihro Fürstl. Gn. bestellten „Cammer-Rath von Hauß aus, auch allen deßelben Erben vnnd Nachkommen; „Dreyhundert Guldin jerlicher Gülten jeden Guldin zu Funfzehen Batzen oder „Sechzig Kreüzer gerechnet, guter grober vnnd in der Marggraueschafft Baden Gül„tiger Wehrung, die Wir ihme seinen Erben, Nachkommen, oder wißentlichen
dieses

---

* Fraget man: wem ware dann Schwarzach vor dem Jahr 1473 gehorsam? so muß man aus diesem Briefe entworten: Nicht dem Reich; dann diesem wollte es der Kayser, ſi Fabula vera, erst unmittelbar gehorsam machen. Vermuthlich also keinem andern als dem uralten Kastenvogt und Schirmherrn. Und dieser war es auch, welcher hier soll versprochen haben, das Closter dazu anzuhalten. Abermalen ein Beweiß gegen das Closter.

Beylage C.

„ dieses Brieffs Inhabern jerlich vnnd jedes Jars besonder, deren das erste Ziel an-
„ gehen soll, wann man Zehlen wird, Ein Tausend Sechshundert Dreyzehn vff
„ den Dreyßigsten Tag Decembris verfolgen laßen wollen vnd sollen für allermen-
„ niglichen entwehren, verhafften, verbleten, Krieg, Raub, Nam, Brand, Acht,
„ Bann, auch sonsten alle vnnd jede Verhinderung, Außrede, Irrung, Einfäll,
„ Mangel vnnd Gebrechen, wie die Nahmen haben möchten, gantz vnd gar nichts
„ außgenommen, von, außer vnnd ab Vnsers Gottes-Hauß zugehörigen, auch
„ Vnßer der Mitverkauffer selbst eigenen Haab vnnd Güthern, Flecken, Dörfern,
„ beständigen vnnd ohnbeständigen Einkommen, an Zöllen, Zehen Schatzungen vnnd
„ Gefällen, samt den Nutzungen auch allen derselben Gerechtigkeiten Zwingen, Bän-
„ nen, Wälden, Eigenschafften, Zinnßen, Gülten, Diensten, Häußern, Höfen,
„ Wassern, Wonnen, Wayden, vnnd allen andern Rechten, Herrlichkeiten vnnd
„ Zugehörden, wie die heißen vnnd in erwehnt vnßer Gottesbauß gehörig erfunden
„ werden möchten nichts außgenommen oder hindangesetzt, welches alles dann Ihme
„ Käuffern zu wahrem rechten Vnderpfand zugleich auch versetzt vnndt verpfändet,
„ vnnd Ihme in Unterpfands weiß verhafft vnd verfangen seyn solle, Vnnd ist dieser
„ Kauf vnnd Verkauff geschehen vor vnnd vmb Sechs Tausend Guldin, guter,
„ genehmer, grober Lands-Wehrung, die Wir Verkäufere von Ihme Käuffern also
„ baar empfangen, in Vnsers Gottes-Haußes vnnd vnnsern scheinbaren Nutzen ver-
„ wendet haben, Ihne Käufer auch deswegen in bester Form vnnd Maaß quittiren thun.
„ Hierauf gereden vnd verspreche Wir vor Vns vnnd Vnsere Erben vnnd Nachkom-
„ men bey vnsern wahren Worten vnnd Trewen diesen Kauf-vnnd Verkauff, vnnd
„ was in diesem Brief vor-vnnd nachgeschrieben steht vest vnnd ohnverbrüchl. zu hal-
„ ten darwider nimmer zu seyn, noch zu thun, oder auch schaffen gethan zu werden
„ in keine Weiß noch Weeg, sondern den obgemelten Zinnß hinfuhro obgehörtermaßen
„ dem Käufer ohnfehlbar zu entrichten vnnd zu liefern, auch für allen Abgang gute
„ sichere Wehrschafft zu thun so offt das Noth, vnnd wir deßhalben erfordert werden,
„ alles mit diesem ausdrückl. Beding, da sich über kurz oder lang Zeit begebe, daß
„ Wir oder Vnnsere Nachkommen eines oder mehr Jahr an der Entrichtung und
„ Bezahlung vorerwehnter Dreyhundert Guldin jerlicher Gülten seumig würden,
„ daß doch nicht seyn noch geschehen soll, daß alßdann der obuermeldte Keüffer, seine
„ Erben, Nachkommen, oder rechtmäßige Innhaber dies Briefs, guet Fueg vnnd
„ Macht haben solle Vnns vnnd vnnsere Nachkommen, vor alle Gerichten, Geistlich
„ vnnd Weltlich vnnd sonderlich bei dem Kayserl. Cammer-Gericht zu Speyer, dem
„ Wir Vnß diesfalls auch in erster Instantz mit wißentl. Begeb- und Renuncirung
„ vnnserer habenden Privilegiorum Fori vnnd primae Instantiae, auch mit gleich-
„ mäßiger gnädiger Bewilligung vnnd Vorwißen Hochgedachter Ihrer Fürstl. Gn.
„ vnderwürfig machen, deßhalben anzusuchen, vnnd vor demselben uff bloße Fürle-
„ gung einer glaubhafften Copen dieser Verschreibung ohne einige vorgehende Citation
„ oder weitläufftigen Proceß, alsbalden Executoriales tanquam in liquido & con-
„ fessato & per Sententiam adjudicato Debito, zu erlangen vnnd außzubringen,
„ auch der ends wie in Executions-Sachen gebräuchlich, ohne ferrer Zierlichkeit der
„ Proceß wieder Vnß vnnd vnnsere Nachkommen, zu procediren, vnnd zu volenfahren,
„ ohnangesehn, was vns zu gut geordnet seyn oder darwieder eingewendet werden könnte
„ oder möchte, dann wir Vns alles deßelben, sonderlich der Exception non numeratae
„ Pecuniae, inordinati & a perceptione inchoandi processus, incompetentis
„ judicis, vnd was dergleichen Einreden großer vnd kleiner Importanz seyn mögen,
„ sodann des beneficii appellationis, Excussionis, Divisionis, Nullitatis, Recur-
„ sus, Revisionis, In integrum restitutionis, jetzt alßdann, und dann alß jetzo,
„ wißentl. für Vnß, vnsere Erben vnd Nachkommen begeben haben wollen, so lang
„ vnnd viel, bis allem dem so in diesem Brief vor vnnd nachgeschrieben steht, Ihme
„ Keufern seinen Erben, oder wißentlichen des Briefs Innhabern ein völliges Be-

„ nuegen

„ mögen geschehen seye; Nichtweniger haben Wir Uns auch vor Uns vnnd vnnsere
„ Nachkommen vnnd Erben obligirt vnnd verbunden, Im Fall Wir oder sie an Ent-
„ richtung obgesetzter Pension vnnd Gülten seumig würden, vnnd ober zween Zinnß
„ ohnbezahlt anstehen laßen, also daß der zweyte den dritten ruhren thete, daß dem
„ Käufer oder seinen Erben obgemelte die Kauf- vnd Haupt-Summam neben den hin-
„ derstendigen Gülten vfzukünden auch vff den Fall Wir dieselbe mitsamt den anstendi-
„ gen Zinßen, auch Kosten vnnd Schaden zu erlegen saumig seyn würden, Ihme als-
„ dann bevorstehen soll dieselbe an hochelmeltem Kayserl. Cammer-Gericht per viam
„ Executionis & mandati sine clausula ex hoc pacto zu erfordern, oder aber alle
„ vnnd jede vorermeldte Unsers Klosters vnnd vnsere eigene liegende vnd fahrende
„ Güther, Gerechtig-Nutzbarkeit vnnd Einkommen, wie die Nahmen haben mögen,
„ sonderlich aber vnsers Closters Zehend Gefäll im Amt Stollhofen zu Stollhofen
„ Söllingen vnnd Hügelsheim, so Ihme Käuffern vnnd seinen Erben oder wißentl.
„ Inhabern dis Briefs zu rechtem Special-Unterpfandt verschrieben seyn sollen, samtl.
„ vnnd sonnderlich anzugreiffen, zu ihren Haunden zu nemmen mit oder ohne Recht
„ dieselben innen zu halten, zu nutzen zu nießen, vnnd zu gebrauchen, zu verkauffen,
„ oder selbsten zu behalten, vnnd damit als ihren eigenthumlichen Güthern zu schalten
„ vnnd zu walten, ohne männigliches Verhindern, oder da es Ihme mehr beliebte,
„ Immissoriales am Kayserl. Cammer-Gerichte deswegen zu bitten vnnd auszuwür-
„ cken, immer so lang vnnd viel, bis Ihme oder Ihnen vmb Ihren Aussstand vnnd
„ Interesse, auch Kosten vnnd Schaden ein vollständiges Genügen beschehen; Doch
„ haben Wir vns hierinnen vorbehalten, wann vns oder vnseren Nachkommen, es
„ wäre, wann es wolle, nicht mehr belieben würde, diese Sechs Tausend Guldin
„ zu verzinnßen, daß vnns alsdann frey vnnd in vnserer Willkühr stehen soll, diesel-
„ bige wiederum abzulösen, doch ist vns von Ihme Kauffern diese Freundschafft ange-
„ botten worden, daß wir solches in Sechs Jahren nach einander thun, vnnd jedes
„ Jahrs Ein Tausend Guldin an guter grober vnnd in der Marggraueschafft Baden
„ gültiger Müntz, mit sampt dem verfallenen Zinnß daran ablößen, vnnd also jerlichen
„ damit Funfzig Guldin an Uns wiederum kauffen mögen. Wir bewilligen vnnd
„ versprechen auch noch weiter für Uns vnnd vnsere Nachkommen, wäre es Sach,
„ daß dieser Brief vor der Wiederlosung durch Brunst oder andere Zufäll, sollte an
„ Pergament oder Insigel Schadt oder presthafft oder gar verlohren werden, daß Wir
„ oder vnsere Nachkommen einen andern Brief gleiches Inhalts verfertigen, vnd zu
„ des obgemelten Käufers oder deßelben Erben vnnd Nachkommen sichere Hände lie-
„ fern laßen sollen und wollen.

„ Und deßen zu mehrerer Bekräfftigung haben Wir Georg Friederich, von
„ Gottes Gnaden Marggraue zu Baden vnnd Hochberg, Landgraue zu Sausenberg,
„ Herr zu Rötteln vnnd Badenweiler 2c. vff vnderthänigs Bitten vorermeltes Abbts
„ und Conventualen vnsers angehörigen Klosters Schwartzach dieses Brief mit eigenen
„ Handen unterschreiben, auch Vnser Insigel daran thun hencken, sowohl vnsern zu
„ diesem Contract als Landsfürst, Kasten-Vogt vnnd Schutz-Herr gegebenen
„ gnedigen Consens damit zu besagen, als auch damit zu versprechen, nicht allein offt-
„ gemelten Käuffer, seinen Erben oder Inhabern dieses Briefs an allen und jeden
„ invorkehrten Puncten, keinen Eintrag oder Hinderung zu thun, vor Uns selbsten
„ oder durch andere, sondern die Verkauffere zu Vollziehung deßen, so in diesem
„ Brief geschrieben stehet, mit allem Ernste zu compelliren vnnd anzuweisen.

„Unnd

Beylage C.

„ Vnnd zu noch mehrerer Bestätigung haben wir Verkäufere vnser vnd Vnsers
„ Gotteshauß Schwarzach, vnnd wir Mitverkäuffer beede obgenannten Flecken In-
„ sigel an diesen Brief thun hencken, auch Vnnß mit eigenen Handen vnderschreiben.
„ So geschen den Dreysigten Tag des Christ-Monaths als man zählt nach der
„ Seeligmachenden Geburt, vnnsers Erlösers und Seeligmachers Jesu Christi.
„ Ein Tausend Sechshundert vnd Zwölfft.

Georg Friederich **Fr. Georgius.** **Fr. Casparus**
M. v. Baden. abbas subscripsit. **Zinck**, Prior.

(L.S.) (L.S.) (L.S.)

Fratres. **Christophorus Meyer.**

Andreas Moerlin.

Jacobus Oberwein.

(L.S.) (L.S.) (L.S.)

Beylage CI.

Vollmacht Abbt Priorn und Convents des G.H. Schwarzach,
für D^m Gerhard cum ratificatione tetroactorum in
Sachen Kastlin Contra das gedachte G.H. am Kay-
serlichen Reichs-Cammer-Gericht producirt.

(Jahr 1628.)

Wir Christoph Abbt, auch Prior vnndt Convent des Gotteshauß Schwarzach ɾc. bekennen vndt thun kund männiglichen, mit diesem offenen Brieff,
daß wir zu Vollführung vnßerer bievorigen jetzigen vnnd künfftigen Kayserlichen Cammergerichts Sachen, gegen weme wir die haben, vnnd vberkommen mögen, zu vnße-
rem ohnzweifellich Procuratoren vnd Anwaldt constituiret haben den Ehrenbesten, vnd
Hochgelehrten Joannem Leonhardum Gerhard J. U. D. Keyserlichen Cammer-
Gerichts Advocaten vnnd Procuratorn. also vnnd dergestalt, Daß Wir zuforderst
alles vnnd jedes wz durch ihne D. *Joannem Leonhardum Gerhard* vnnd andere Anwälde, oder sonsten in angeregten Sachen von Unsert wegen gehandelt
worden, ratificiren vnnd daß darauf ermelter Dr Gerhard in angeregten Sachen
active und passive erscheinen, allerley Proceß auß: die wider Einbringen *fori Decli-
natorias* vnd andere *exceptiones* vbergeben libelliren, litem contestiren, articuli-
ren, respondiren, Juramentum veritatis, malitiæ Calumniæ, dandorum re-
spondendorum in litem affectionis, æstimationis. purgationis, in supplemen-
tum probationis, Expensarum, damnorum & interesse quartæ dilationis ejus-
demque

demque prorogationis, auch einen jeden andern ziemlichen in Rechten zugelaßenen vnd mit Vrtheil aufferlegten Eydt, etiamsi litis decisorium fuerit in vnsere Seel erstatten, allerley Beweiß einbringen derowegen alle Nothdurrfft verhandlen, dieselben tuiren, wider der Gegentheill Beweisung, auch sonsten excipiren, vnd respective repliciren, dupliciren, tripliciren ꝛc. sigilla & manus recognosciren oder diffitiren in Contumaciam procediren, dieselbige purgiren, zu Bey- und End Vrtheill beschliessen, die zu eröfnen bitten, anhören, annehmen, darwider auch sonsten restitutionem in integrum (so vonnöthen) begehren, Expensas Damna & Interesse designiren, zu taxiren bitten vnnd dieselbige auch was in den Haupt-Sachen taxirt vnnd erkendt, erheben, annehmen, darfür quittiren, in Executionem active procediren, biß zu endlicher Vollstreckung der Vrtheilen, auch passive da die Vrtheil vns zuwider ergiengen vnd darauff wider Vnß in Executionem procedirt würde, von vnnsertwegen alle Nothurfft, biß zu endlicher Erörterung des puncti Executionis verhandlen, einen oder mehr Affter Anwälde so offt ihme geliebet, substituiren, revociren, auch alles anders handlen, thun und laßen soll daß Wir selbsten zugegen jederzeit handlen thun und laßen, köndten oder möchten. Vnd da ermeldter vnnßer Anwaldt eines weittern Gewaldts dann hierinnen begriffen, bedürfftig were oder seyn würde, denselben wollen Wir ihme hiemit am aller kräfftigsten vnnd beständigsten, das vermög der Rechten vnd de stylo hochermeldtes Keys. Cammer-Gerichts beschehen soll, kann oder mag, auch gegeben haben. Vnd was also ermelter D. Joannes Leonhardus Gerhard vnser Anwaldt vndt seine substituirte handlen thun und laßen werden, das versprechen Wir stäht, vest, vnnd vnverbrüchl. auch gedachtem Unserem Anwaldt vnd seine substituirte, aller Bürden der Rechten, praesertim satisdationibus de judicio sisti & judicatum solvi, zu entheben vnnd allerdings schadlos zu halten bey habhafter Verpfändung vnnßerer Haab vnd Güter so viel deren jederzeit hierzu vonnöthen seyn würden, Vnd deßen zu wahrem Vrkundt haben Wir Vnser gewonlich Secret-Innsigel heraufgedruckt, Geben zu Schwarzach den Neun und Zwanzigsten Decembr. Anno 1627.

(L.S.)

Inscriptio
Original Gemeiner Gewalt.
In Sachen
Kastin
Ca
Schwarzach

Prod. Spirae 3ten Martii 1628.

Mandati de Solv. S. C.

Bey-

Beylage CII.

Exceptiones fori declinatoriæ in **Sachen Kaſtin** contra **Schwarzach** mand. de ſolv. S. C.

(Jahr 1627.)

Hochwürdigſter Churfürſt, der Römiſch-Kayſerl. Mayeſtät Cammer-Richter, Gnädigſter Herr.

Als bey dieſem Hochlöbl. Kayſerl. Cammer-Gericht Kunigundis Kaſtin Burgers zu Speyer Eheweib ein Kayſerl. Mandatum de ſolvendo ſine clauſula, wider Herrn Abt, Priorn und Convent des löbl. Gotteshauſes Schwarzach auch wider Deroſelben Unterthanen, Schultheiß, Burgermeiſter und Gemeind daſelbſt, vnndt zu Vindtbuch, mit Verſchweigung der fori incompetentiæ, auch ganz ungleicher Erzählung der Geſchicht am 21ten Octobris nechſthin außgewürcket, ſo auch den 5ten dies Monats Januarii inſinuiret worden; Als erſcheint Syndicus jetzgedachter Herren und Gemeinden, welche doch auch von erſtbeſagter Ihrer Obrigkeit von Rechtswegen vertretten werden, tradente Eraſmo a Chockier de Juriſdict. ordinar. in exempt. Tom. I. part. 29. 36. N. 4 & 5 beclagten cum proteſtatione tamen expreſſa, de non conſentiendo in hoc Judicium, neque prorogando niſi quatenus & In quantum de Jure teneatur, und ſagt, daß Euer Churfürſtliche Gnaden Juriſdiction dießfalls aus zweyfachen Urſachen nicht fundiret, noch das ausgangen Mandatum vnndt demſelben annectirte Citation, ſtatt oder Würckung haben könne, indem Erſtlich *vigore ordinat. Cameral. part.* 2, *Titl. I. §.* Es ſoll auch demnach ꝛc. dießelbige *Citation* unbündig und ohnmächtig, denn alda verſehen, daß dieß Hochlöbl. Kayſerl. Cammer-Gericht in erſter Inſtanz oder Rechtfertigung auf Niemandts-Klag oder Anſuchen Ladung erkennen oder geben ſoll, gegen denjenen, die der Kayſerl Mayeſtät und dem Reich nit ohne Mittel unterworfen ſeyn, vnndt doch ſonſt ihren ordentlichen Richter haben, undt ſo ober das jemandt ſolch Ladung oder Citation erlangt, ſo ſoll die mit allem was darauf gefolgt, nichtig, ohnbündig und ohnkräfftig ſeyn; Und über diß ferner Rechtens, daß, welcher geiſtliche Perſohnen vor den weltlich Richter ziehet, derſelbe ſeiner Sachen gäntzl. verluſtigt ſein ſolle. ut extat expreſſ. in Auth. ſtatuimus C. de Epiſ. & Cler. verb. quidſi actor fecerit a ſuo Jure cadat, & ibi caſtrens: ubi dicit, quod non ſit locus pœnitentiæ quia pœna imponitur, quia traxit non quia perſeveravit. idem dicit.

Rol. à Valle. Lib. 2. Conſil. 23. N. 14.

Nun iſt aber Reichs unde Landkundig, daß beclagtes Gottshauß, vielweniger deßen Unterthanen nicht allein dem heiligen Römiſchen Reich nicht *immediate* unterworfen, welches dahero verificiret wird, daß es weder der Reichs noch einiges Kreyßes *Matricul* einverleibt, und weder zue Reichs-*Contribution* belegt, ſondern von des Herrn Marggraven zu Baden ꝛc. Fürſtl. Gnaden, als Deroſelben Landſäß neben und Zugleich mit

andern

anderen Marggrävischen Städten unnd Untertthanen collectirt
würdt, auch zu des Hochlöbl. Kayserl. Cammer-Gerichts-Unterhaltung
niemahlen den wenigsten Heller weder beygeschoßen hat, noch herzugeben ersucht worden, noch verbunden, hingegen aber auch keines anderen alß allein
des Fürstl. Marggr. Schutz und Schirmbs in *temporalibus* noch einiges anderen, als ihres Benedictiner Ordens Privilegien Beneficien genoßen, sondern auch quoad Judicialia keinen andern als seinem Dioecesano seu ordinario
unterworfen, und allein vor demselben und nicht vor diesem Hochlöbl Keyserl. Cammer-Gericht mit Recht zu ersuchen, allegante Gailio Lib. 1. obf. 37. N. 1. Panor-
mit. c. 1. de for. competente N. 1. Wie dann Syndici gnädige Herrn Principalen
coram dicto Dioecesano sich zu Recht erprüten, ohngeachtet ratione ordinis sui,
sie auch vor dieselben befreyet und exemt seynd. Per ea quae habet D. Erasmus
à Chockier de Jurisdictione ordinarii in exempt. Tom. I. part. I. quaest. 16.
N. 8. so volgt aus diesem allem daß die ausgangen Ladung von ihr selbst unbündig,
und unkrafftig die Clägerin trafft obangezogenen Rechten ihr Anspruch verwürckt.

Obwohlen auch zum andern den narratis supplicationis einverleibt, ob solte
Euer Churfürstl. Gnaden Jurisdiction wider beclagtes Gotteshauß und consequenter
ihre Untertthanen darauß fundirt seyn, daß dieselb ein der vffgerichten Obligation
zuem Mißzahlungs Fall ausdrucckentl. prorogirt worden, undt man viae Executivae
sich unterwürfig gemacht, auch den Privilegiis fori renunciiret haben solle, so ist
doch abermahlen außfündigen Rechtens, quoad clericus sibi non possit constituere
judicem Laicum, neque Jurisdictionem saecularem prorogare, etiamsi proprium juramentum & adversarii consensus accederet. gl in C. j & ibi panorm.
N. 2. item Text. & gl. ibidem in cap. significasti, & ibi Panorm. N. 1. extr. de
foro competent. per rationes passim ibi allegatas, quibus acedit obs. pract. Gail
Lib. 1. observ. 37. N. 1. & 2. Bernhard Wurmser Lib. 1. tit. 1. obs. 12. N. 2. quod
procedit, etiamsi Clericus Jurisdictionem laici prorogare vellet, cujus ratio
haec assignatur, quod hoc beneficium fori toti ordini Ecclesiastico concessum
sit, ideoque renunciatio vel prorogatio expressa vel tacita in praejudicium ordinis facta nullius est momenti, Gail dict. lib. 1. obs. 37. N. 1. per ibidem ad-
ducta. Imo quod nequidem cum Episcopi Consensu valeat, talis renunciatio
tenet gl. c. 1. super verba ejusdem & gl. c. significasti super verb. Clerici ext.
de foro compet. Rol. a Vall Consl. 4. N 9 & 10. Lib. I. Gram. decis. 61. N. 9.
idque in tantum extenditur quod neque valeat Consensus tacitus neque expres-
sus Clerici, neque directe neque per indirectum, neque de Consensu Episcopi,
neque de Consensu Papae possit Judex saecularis exercere Jurisdictionem contra
Personas Clericorum, Grammat. Decis. 61. per tot. & repet. Decis. 29. quasi per
tot. Bart. Consl. Rrs incip. Clericus non sub clericali &c. Lib. 1. ubi apostilla in
verb. Clericus. Et hoc adhuc fortius obtinet in religiosorum ordinibus etiam
ab ordinarii seu Dioecesani Jurisdictione exemptis, qualis est Benedictiorum
ordo ut cujus sunt ipsi Domini rei Chockier d. Tract. Tom. 1. p. 1. 9. 16. N. 8.
tales enim multo minus privilegio suo renunciare possunt prout per Abbat.
Francum Alciat. summum Castrens. Alberic. accedente Gail Lib. 1. obs. 40. N. 3.
demonstrat. d. Chockier de tractatu p. 2 9. 7. N. ibi, N. 3. rationem ejus subjun-
gentur. Et quod ne quidem cum juramento hoc possunt per ibidem allegata.
Wie viel weniger kann dann Ewer Churfürstl. Gnaden Jurisdiction dies Orts contra
Religiosos & alios etiam ab ordinarii Dioecesani Jurisdictione exemptos si vel-
lent fundirt seyn? argumento ducto à majori ad minus, quod in jure est fir-
missimum. Everhardt in topic. in loco a Majori N. 1.

Well

Beylage CII.

Weil es dann mit angeregtem Keyserl. Mandato, und demselben einverleibter Citation notorie diese Beschaffenheit hat; So ist des Beclagten Gottes hauses Syndici unterthänigstes Bitten, ausgehörten Ursachen ex abundanti das *Mandatum* zu cassiren, Beclagte von ausgangener Ladung zu absolviren, und Clägern vor der Beclagten ordentl. Richter zu remittiren mit Abtrag Costens und Schadens hierüber Ewer Churfürstl. Gnaden hochadenlich Richterl. Ampt unterthänigst bestes Bleißes anrueffend.

Ew. Churfürstl. Gnaden

Unterthänigster
Beatus Moses Dr.

Beylage CIII.

Auszug Exceptionum sub - & obreptionis in Sachen Kastin contra Schwarzach, mandati de solvendo, nunc citat. ad reassumendum.

(Jahr 1687.)

ꝛc. ꝛc.

Quinto. Daß die adpositio sigilli ex vi metuve vorgangen, *qualis vis & metus facile præsumitur in potestate respectu suorum subditorum* folglich auch ex hoc capite die Nullität hervor kom̃t

    P. P. text. expreff. in L. 1. ff. quod met. causa gest. erit.

  Ex quo resultat de vi, metuve,

    d. L. ff. quod met.

    D'aresperger de Except. L. 2. Parte sec. C. 21.

Secundo ist wahr, und im gantzen Land notorisch, gibts auch beiligender Extract Marggrävischer Landrechten Num. 1. daß *secundum statuta* dieser Marggrafschafft (worinnen *vigore ipsius Instrumenti* das Closter Schwarzach und beede obbenambste Dörffer gelegen) kein Kauf oder Verkauf oder anderer *Contract* über liegende Güther oder dergleichen sährl. Ab - oder ohnabläßige Zinnß einige Krafft und Bestand haben möge, es seye dann derselbe gerichtlich angegeben und darüber cognosciret, welche Solennitæt dann, weilen sie ebenfalls allhier abgängig, die ougenscheinl. Nullitæt nach sich ziehen thut.

Beylage CIV.

Marggrav Phillberts Rescript an den Vogt zu Stollhofen und Schafner zu Schwarzach auf Bitte des dasigen Priors nach Absterben des Abbt Martins, wegen Versorgung des Klosters.

(Jahr 1569.)

Philibert ꝛc.

Liebe getruwen, Nachdeme der jetzig Prior des Closters Schwarzach Herr Simon bey Unser Canzley Anpringens gethan, dweyll ermelt Closter durch Absterben des gewesenen Appts jezmals vn ein Haupt vnnd nit versehen, were derhalben sein vnderthenig Bitt, daß Wir gnädiglich hierinn Ordnung thun wollen damit das ermelt Closter wieder zum Besten angestellt würde, Daruff nun Wir Ime Prior wieder beantwurten lassen, daß Wir gnediglich geneigt, das Closter mit wieder guter Anordnung zu versehen; aber daßelbig jezig beschwerlicher Leüff halben etwas wenig Zeit sich verwillen möchte, in mittler weil aber sollte genant Closter durch Euch beyde zum besten versehen vnnd versorgt werden. Unnd hieruff vnnser Meinung vnnd Beuelch Ir wollenn dye Conventualen im Closter Ir Versehung in der Kirche wie bisher thon lassen, wie dan Ime Prior auch angezeigt worden.

Sunst aber die Haußhaltung vnnd Versehung des Closters in allem dem, das es hatt, soll von euch beyden, zum besten Nuz des Gottshauses angestellt, versehen, vnnd darob mit Ernst gehalten werden, vnnd was die dem Schaffner etwan im Abwesen dein des Vogts begegnen, angelegen, und zu schwehr seyn würde, daßelbig hast du Ihn Vogt zu berichten, im Fall der Noth zu Unser Canzley gelangen zu lassen.

Dem allem also mit Ernst nachzukommen, wollen Wir Unns zu euch samt vnd. sonnders versehen Datum Baden den 9ten Martii Anno 1569.

Beylage CV.

Wahl Acten nach dem Austritt Abbts Johann Caspar Bronners als Herr Georg Delzer gewesener Conventual daselbsten als Abbt erwählet worden.

(19. Nov. Anno 1590.)

Memoriale.

Anno 1590 den 19ten Novembris seindt auf vorgehende Vergleichung der beeden Fürsten, Herrn Johannsen Bischoffs zu Strasburg rc. und Herrn Eduardi fortunati, Marggrauen zu Baden und Hochberg meiner gnädigsten Fürsten vnnd Herrn, die Herren Ordens-Prälaten neben Fürstl. Marggrävl. Herren Cantzler und Räthen, vermög inliegender Verzeichniß Lit. A. im Gottshaus Schwarzach einkhommen.

Vnd darauf in der Election Herr Georg Deltzer, Conuentual daselbs zu Abten erwölt, vnd alsobaldt volgenden Mittwochs die Vnderthanen des Gottshauß von Alters gebreüchige Huldigung gelaist.

Herrn Abten auch noch mals, was er ainem jeden regierenden Fürsten zu Baden von Erb-Schirms wegen zu geloben schuldig in Beiseyn der Herrn Prälaten vorgelesen worden.

Vnd er aus seinem gnugsamen zuvorgethonen Erpieten des Juraments erlaßen worden.

No. Wie dann dieses alles sambt den hinc inde ergangenen Schrifften und Handlungen, nahmentlich

Der Vnderthonen Aidt

Prothocoll damals

Im Schwarzacher Buech Num. 400.

Im Gehaimen Gewölb, bei den Probationen Schwarzacher Erbschirms vnderschiedlich registriert lieget

No. Des Schafners Jurament ist in seiner Bestallung Nro. 36.

Verehrung so ein Prälat eligiret wirdet, so Fürstl. Herrn Cantzler, Räthen, und Dienern beschließt.

Lieget bei den Schwarzachischen Probationen im Sackh in Bundt.

Beylage CV.

Gemaine Documenta.

Litt. A. ad num. CIV.

Schwarzach.

Prälaten, so den 19ten Novembris Anno 90. daselbsten bei der Election des newen Prelaten Herrn Georgen Dölzers erschienen

(1590.)

Prelaten, so den 19. Novembris zur Election genn Schwartzach einkhommen.

Lorenz Gündthar Abbt zue Altdorff vnnd Ebenann-Münstr.

Luderwig Gorger Abbt zue Gengenbach.

Jacob Schreiner Abbt zu Maursmünster.

Johannes Tularius Bischöfflich Straßburgischer Official.

Fürstl. Marggräuische Räthe.

Doctor, Johann Aschmann Canntzler.

Simon Peter Luhn, Hofmeister.

Christoff Rosenhueber Licentiat.

Hanß Christoph Knorr.

Lit. B.

Mein freundtlich gannz willige Diennst sein euch allezeit bevor. Ernvester Inn sonders lieber Herr vnnd vertrautter Freündt, Ir sollet alspalden im Aungesicht dis Briefs, bey Fürstlicher Registratur auffsuchen Inn den Schwarzachischen Sachen, wie es Anno 70. mit der Election vnnd Erwellung eines Abbts albie zue Schwarzach gehalten worden, vnnd Innsonderheit die Aidt, wie sollich ein Abbt der Herrschafft thuen soll. Item, wie die Vnnderthanen dem Abbt schwören, vnnd ein Schaffner seinen Aidt oder das Jurament prestiren solle, solliches alles wöllenn Ir mit Fleiß verwarlich in einem Feleisen bei Zeigern diesem reittenden Potten vnuerlengt anhero senden. Zue mehrerer Nachrichtung vermelde Herr Canntzler, daß die Aidt vnnderschiedtlich in einem Puech zusammen geschrieben seien vnnd alles beisamen gebunden, wie es mit sollichem gehalten worden, zu finden ist; Derohalben wellen Ir ann fleißigem Nachsuechen nichts laßen ermanglen, vnnd was zu diesem Actu gehörig vnd von nöten, anhero zu senden befürdern, wolt ich euch aus Beuelch des Herrn Canzlers hiemit in eil vermelden vnnd Gottes gnadenreichem Schutz empfehlen Datum Schwarzach in Eil den 20. Novembris Anno 1590.

Dienstwilliger
Hanns Christoph Knorr.

Inscriptio.

Dem Ernvesten Hellaß Otter, Fürstl. Marggreuischen Registrator zu Baden Meinem Innsonders lieben Herrn vnd Freündt

Cito
Cito
Cito
Citissime

Beylage CVI.

Marggrav Philliberts hinterlaßene Instruction und Beuelch als S. F. G. in Franckreich gezogen, des Klosters Schwarzach halben.

(Jahr 1569.)

Unnser von Gottes Gnaden Marggraue zu Baden vnnd Graue zu Sponheim ꝛc. hinderlaßner Beuelch, was vnnsere Canntzler Inn Vnserm Abwesen, mit erwolung eins andern Apts zu Schwartzach vnnd anordnug des Wesen daselbs sich verhalten sollen.

Erstlichs nachdem man soull Inn bestendigem Bericht befindt, das der Abgesterben Apt drey Conuentuales hinterlaßen, welche doch Jrer Personn halben dermaßen geschaffen, das Dero keiner zu sollicher Versehung eines Apts tauglich, vnnd aber darneben ein gelerter ernstlicher Junger angehender man M. Michael Schwartz genant, der gleichwol dem vorigen Abt seligen gefreundt vnnd verwanndt, Aber etlich Jahr sich fleißig mit Studieren vnnd Predigen daselbs gehalten. Ist vnnser Beuelch das mit demselbigen gehandelt werde, das er zu einem Apt dermaßen geordnet werde, Nemlich, das er vnd seiner Pfarr mit Predigen vnnd andern Pfarrlichen rechten wie bißher von Jme beschehen, mit Fleiß auswarte, vnnd darmit er daran desto weniger verhindert wollen Wir Inn der Administration vnnd Haußhaltens auch anderer Müeh oberheben, vnnd daßelbig vnnserm schaffner daselbs beuelhen.

Es sollen auch gedachtem vnserm Apt die Vnnderthonen so zu dem Closter gehören wie von Alters globen vnd schwören, wie auch dieselbige Jnne für ein Abt als der von Uns dahin gesetzt, für Augen haben, vnd Jme Gehorsamy laysten sollen. Vnnd darmit er deß ein ergözlichkeit hab, soll Jme vber alles jo er bisher gehapt, Järlich von Dato seiner Verordnung, von vnserm Schaffner daselbs gegen gepürlicher Quittung X gulden geben vnnd geuolgt werden, darmit er mag handlen, nach seinem gefallen als mit seinem eigenen gutt. Soull dann andere Sachen, mit Jnßehung der gefell, vnnd Anstellung des weltlichen Regiments vnnd gebung weytterer Ordnung, so wir mit der Zeit mit guttem Rath fürzunemmen gedencken, dem soll er geleben vnd nach khommen Auch Andere darzu anhalten.

Es soll auch vnnser Schaffner Jörg Löchner vff ein Bestallung angenommen vnnd Jme die Verwaltung dermaßen zugestellt werden, das er mit Rath und Vorwißen vnsers Apts vnnd Vogts zu Stolhouen, vnnd so Jme oder Jnen beden etwas beschwerlichs fürfallen solt, mit vnseren Canntzler vnnd Räthen Vorwißen handlen vnnd derselben Rath in allen fürfallenden beschwerlichen Sachen gebrauchen.

Wie auch gedachter schaffner Vnns vff erfordern Järlichs gutte vffrichtige Erbare Rechnung, von wegen seiner Verwaltung thon soll.

Soull dann die Conuentuales belangt souer einer tauglich zu den Pfarhen zu dem Gottshauß gehörig, sollen dieselbige Jnen zugestelt vnnd vff Jr Wolhalten gegen bißher gewonlicher Belonung, vnnd wie breuchlich Jm Closter mit notturfftiger Vnderhaltung gehalten werden.

So aber einer oder mehr gedachten weiters zu Studieren soll Jnen auch darzu Hülff vnd Verlegung beschehen, Es sollen auch der Apt, Vogt zu Stollhoven, vnnd Schaffner Gutachtung geben, das gedachte Conventuales mit practicieren an Orten vnd Enden, das Vnns, vnnserem Closter zu schaden vnnd Nachtheil gereichen mocht, abgehalten werden, vnnd so sie des Jr.n gute erfarung Pringen, fürderlich bey Vnnser Cantzley antzeigen darmit gegen Innen mit Abschaffung oder andern Strafen möge gehandelt werden, des sie auch hiemit Beuelch haben sollen, Ob auch möchte von dem Bischoff von Strasburg ansuchung beschehen, Als das diser vnnser gesetzter Apt nit solte wie von alter herkhommen, auß den Conventualen geordnet sein, vnnd die Ceremonien wie breüchlich gehalten, haben vnser Cantzler vnd Räth, die sorgliche geschwinde Leüff, vnd Vntauglichkeit der andern Personen anzuzeigen, Auch nach begegnett. Dingen, Was zu Handthabung vnnserer gemachten Anstellung vnnd Ordnung dienstlich zum besten zu handlen.

Es soll auch Jnn alwes gutte Fürsehung beschehen, das alle Ober vnnd Herlichkeit mit aller Gerechtigkeit dem Gottshaus zugehörig gehandthapt vnnd gegen den Anstoßern zum besten verdretten werde.

Vnnd nachdem ein zimliche Frucht noch vorhanden sein soll, vnnd dann die Armen des Gottshaus vnnd vnsere Vnnderthonnen durch Itzigen Durchzug große Beschwerden erlitten, darmitt dann sie besser baß sich Jhre Weib vnd Kinder, hinbringen mogen, Soll denselbigen die Früchten so man nit bedurfftig zu Zielen vff borgs geliehen vnd mitgetheilt werden.

Souer auch alle des Closters guetter liegents vnnd farendts Ordenlich Inventiert, vnnd etwas an Barschafft oder anderm vorhanden sein wurdt, das soll zu erledigung des Gottshauß Beschwerden angewendt, Auch da darmit Jnn Vnsern kundtlichen obliegen vnnd schulden vnser Nutz vnnd Wolfartt geschafft mag werden, das sollen sie hiemit Macht vndt gewaldt haben.

Es soll auch hinfühtro niemandts in das Closter eingelaßen werden, Er hab dann ein Zettel auß vnnser Cantzley gezeichnet.

Deßgleichen sollen alle Persohnen, so man gedenckt vberflüßig sein abgeschafft werden.

Jedoch sollen die Jungen mit Jrem Praeceptor, wie bißher erhaben, vnd darinnen kein Enderung beschehen.

Wie auch der Officier halben so hiebevor darinnen gewesen, ohne vnsern sondern Gehaiß nichts fürgenommen werden soll, dises vnnd Anders, so vnnser vnd des Closters Wolfart sein mag, Sollen vnnser Cantzler vnnd Räth mit bestem Fleiß anstellen. Daran thun sie vnnser Meinung vnnd Beuelch. Actum Baden vnnder Vnserm zu Endt vffgetrucktem Secret den 20. Martil Anno 69.

  (LS.) **Philibert Marggrav zu Bade.**

Beylage CVII.

Bestallungs- Brief und Revers Abbts Michael Schwan.

(Jahr 1569.)

Wir Philibert von Gottes gnaden Marggraue zu Baden und Graue zu Sponheym bekennen hiemit als nach Absterben des würdigen Geystlichen vnnsers lieben Andechtigen Herrn Martin Appts des Closters Schwartzach, wir Alß Landes-Fürst Schutz vnd Schirmherr gemelts Closters vß Hochbeweglichen Vrsachen dem vermelten Closter zu guttem vnd deßen Erhaltung.

Dweyll vnder den hinderlaßenen Conventualen keyn taugenlliche Personne zu Verwaltung des vermelten Closters zu befinden gewesen, wir vff Jngenommen Bericht vnnd genugsame erkundigung mit dem würdigen vnnd Erſamen vnſerm lieben Andechtigen Herrn Michael Schwannen von Baden Als dem der vnß gutter ierer Zucht vnd Wandels berumpt vnd des Closters Weß. vnd gelegenheit wegen das Er von Jugent vff darzu vnnd bey dem verstorbenen Appt seynem Vettern gewesen vnnd jetzo ettlich Jare die pfarr Schwartzach versehen vnnd mit allem fleyß obgesynn oberkommen vnnd gehandelt das Er sich bewilligt vnnd Jngangen vff fürgehaltne Ordnung vnnd Maß die Er schrifftl. vnder vnſerm Secret empfangen das Haupt eynes Abbts zu seyn vnnd darneben die pfarr wie byßhero trewlich neben eynem Aſtanten der pfarr halben zu versehenn ſich aber einicher weltlicher Sachen Vßerhalb das Er mit gut vff vnd Zusehens haben ſoll vff die Haußhaltung des Closters vnnd wochenliches den Wochen Koſt zu füren, damit dem Closter woll gehaußet vnnd nichts verabsäumet werde, was wir dann eynem vnſerm vnnd des Closters Schwartzach Schaffner neben eyner Ordnung vffgelegt nit zu undertziehen noch ſich ſollicher gscheffti zu beladenn, ſonder allein seynen Studien vnnd der pfar Verweßung vßzuwarten vnd solang vnnd dweyl Er Her Michell der Apt die ernannte pfar Schwartzach versehen vnnd verwalten würdet, ſollen Jme die pfar geſell zu Schwartzach durch vß wie die zuvor ein Pfarrer gehapt zugestellt vnnd gelaßen werden, dagegen ſoll ernannter Her Appt dem Helffer oder Aſtanten der Jnn des Closters Coſten sein ſoll, gepürliche Belonung wie Er derwegen mit einem zu oberkommen von ſollichen pfar Geſellen geraicht werden, vnnd dann Vetters ſoll genannten Herrn Micheln als Appt des Closters Schwartzach Jars von des Closters Geſellen Zweyhundert gulden den gulden per 15. batz. gegeben werden, damit ſoll er nach seynem Willen handlen thun vnnd laßen nach seyner Gelegenheit Als mit anderen seynem eignen Gut vnd darauf ſoll Er ſich des Closters Jnkommen vnnd Geſell entschlagen vnnd ſich darmit nit beladen, ſondern ſich an obbermelter Verordnung vnnd gegebenen Vnſerm schrifftl. Beuelch benügen laßen, wie er auch das zu thun zugangen vnnd ſich bewilligt auch ſeyn Treiw an eins geschwornen Aidsſtatt geben Alles getrewlich vnnd one alle geferde, zu Vrkundt haben Wir Vnſer Secret Jnſigell thun drucken an dyßen Brieff, der geben iſt, vff denn 24ten Tag des Monnats Martij Anno Domini Funffzehen hundert Sechtzig vnnd Neun.

Revers.

Ich Michel Schwann vone Marggrauen Bad. Bekhenn hiemit, Als der Durchleüchtig Hochgeborn mein gnediger Landtsfürst vnnd Herr Herr Philibert Marggraf zu Baden vnnd Graf zu Sponheim durch Dero Cantzler vnd Räth der Aptey Schwartzach halben mich derselben, an Weylunnd des abgestorbenen Herrn Martin Apts daselbst seligen statt zu vnderziehen gnedige Handlung pflegenn laßen, laut einer Verschreibung, wie hernach von Wort zu Wort volgt; **Wir Philibert ic.**

Daß Ich demnach solche Verschreibung mit gutten Willen eingangen vnnd angenommen hab, vnd thue solches hiemit Inn Khrafft diß Brieffs, welcher Verschreibung In allen Puncten nach zu khommen derselben zu geleben vnd darmit benügig zu sein Ich mich hiemit versprochen gelopt vnd treülich an eins rechten geschwornen eydts statt gegeben hab des zu Vrkhundt hab Ich mein pittschier zu ende hieran getruckt, vnnd mich mit eigner Handt vnderschriben ic. Vnd geben auff Jar vnd Tag wie obuermelte Verschreibung außweißet.

Beylage CVIII.

Schreiben Bischoff Johanns zu Straßburg an die Markgrävl. Badische Räthe, des zu Schwarzach als Abbt angestellten Layen-Priestershalben, worinn des Marggraven Landes-Hoheit anerkannt wird.

(Jahr 1569.)

Von Gottes Gnaden Johann erwölter der Stifft Straßburg vnd Landgraue zu Elsas.

Unsern freundlichen Grus zuvor vesten hochgelehrten lieben besondern.

Das Schreiben so der hochgeborn Fürst vnser lieber Herr und Freund Marggrav Phillbert zu Baden ic. vnß von weg. desjenigen, so sein Liebde anstatt des abgestorbenen Abbts zue Schwarzach verordnet, vergangener Tagen gethan, haben Wir empfangen seins Inhalts verstanden. Vnd wiewol wir seiner Liebde gern eher mit freundlicher und gebürender Antwurt hinwider begegnet, So ist vnß doch solch Schreiben von wegen daß Wir der bisher gewesenen Kriegs leüffen, und durch zügen Hin und wieder verreißt, etwas spat behändigt worden, also daß wir seiner Liebde dieweil sy noch Ine Landt gewesen nit wieder schreiben noch antwurten können. Aber wie dem dieweil sein Liebde uns in bemelten schreiben, zu erkhennen geben, daß sein Liebde Albereith einen andern Abbt welcher gleichwol khein Conventual, aber sunst seiner Liebde nach gehabter Erkhundigung der Lehr vnnd Wandels halben sonderlich geruemt worden, erwölet

und

und dahin geordnet, deß Versehens daß Wir S. L. In deren Lanndtsfürstl. Hoheit khein maße geben, sonder denjenigen so sy zu einem Abbt erwölet confirmiren und sunst alles das thun wollen wie unssere Vorfahren auch gethan, und sich gegen seiner Liebden Landtschafft und Zugehörigen erzeigt haben ꝛc. uff solches khönnen Wir euch In Abwesen Hochermelts unsers lieben Herrn und Freunds Marggraff Phlliberten gnediger Meinung hinwider nit bergen, wiewol wir seiner Liebden In deren Lands-Fürstl. Hoheit, khein Intrag zu thun gesinnet, uns auch wol zu berichten und zu erinnern haben, was In diesen und dergleichen Fällen vermög der Reichs Abschieden unß zu thun gebürt und zugelaßen würdt ꝛc. sonder vilmehr S. L. und deren Zugehörigen gleich unnserm Vorfahren freundl. Dienst, gute Nachbarschaft und geneigten Willen zu erzeigen jederzeit begirig und gutwillig seind, daß uns doch, dieweil solche Verordnete Person ohn unser, alß der Orts ordentl. Geistliche Oberkheit Vorwißen, ußerhalb ordentlicher Versamlung des Convents dahin gesetzt worden, zu confirmiren und zu bestetten In alweg von Rechts wegen nit gebüren, auch unß gegen Unsern hohen Oberkheiten deren Wir Pflicht halben zugethan seind, unverantwortlich sein will. Dernhalben und dieweil gemelter allein ein Leyen-Priester, und khein Person noch Glieds des Conuents ist, auch ohne vergonde ordentl. Versamlung des Convents, ohne Vnnser als des Ordinarii Vorwißen auch Belsein derjenigen, welchen bei solchem Actu Electionis von Reichswegen zu seyn gebürt, fürgenommen worden, vnd vermög der Rechten nit bestahn khan, sonder an Ime selbs nichtig, wie ir euch dann deßen selbs vernünftiglich zu berichten haben. So wöllen wir vnnß gnedig getrösten, Ir werden dem Conuent ein freye Election oder Postulation, wie von alter herkhommen zu laßen und vnß an vnser ordinari vnd Geistlicher Jurisdiction der Orts khein Intrag noch Verhinderung thun, So wöllen wir sehen daß gemelt Closter mit einem ordenlichen Haubt, wie sich von Rechtswegen gebürt so uil Immer möglich, vffs ehist wider versehen werdt. Wolten Wir euch In abwesen Hochgedachts Unsers lieben Herrn und Freunds Marggraff Phlliberten uff seiner Liebde hieuor gemelt Schreiben, gnediger Meinung nicht bergen, Der Zuversicht sein Liebde werde uff derselbigen an Vnnß außgangen schreyben euch Beuelch geben und gelaßen haben, waß Ir in Abwesen seiner Liebde euch hierinn gegen Vunß halten sollen.

Datum Dachstein Montags nach Jubilate Anno 1569.

Johann ꝛc. Manuppria.

Inscriptio.

Den vesten Hochgelerrten unsern Lieben besondern Marggravischen Statthalter und Räthen zue Baden.

Beylage CIX.

Auszug Schreibens Abbts Anselmi an des jetzt regierenden Herrn Marggraven Hochfürstl. Durchl. d. d. Schwarzach den 3. November.

(1771.)

Als im Jahr 1525. bey damaligem Bauernkrieg die das Closter all des seinigen be-
„ raubet haben, dieses den Marggrävl. Schutz zuerst nöthig gehabt, verordnete
„ Marggrav Philbert (soll Philipp heisen) deswegen aus gnädiger Fürsichtigkeit einen
„ Schafner dahin, der des Closters Einkommen und Ausgaben verwalten, weniger
„ nicht dessen Gerechtigkeit und Gericht nach altem Herkommen in gewöhnlichem
„ Brauch halten solle.

Beylage CX.

Extract

Schreibens von dem P. Prior Benedictus Werle zu Schwarzach an den Fürstl. Badischen Hofrath und Amtmann Steiner daselbst d. d. Schwarzach den 21. Dec.

(1771.)

rc. rc.

Daß das Gotteshauß rc. Wie der Beyschluß von einer Original Urphede de 1579. bezeuget, zu erkennen und zu straffen, jederzeit befugt gewesen, und um so mehr noch seyn müße, als invermeldter *David Hofmann*, der von Herrn Marggrav *Philippo* selbsten zum Kloster-Schafner und Amtmann bestellet ware, in keinen Verdacht, ob habe er dem Hrfstl. Hauß nur das geringste an seinen Rechten vergeben, oder übersehen wollen, kommen, sondern im Gegentheil seinem bekannten Renommée nach nur starck darauf bedacht gewesen seyn mag rc.

Bey-

Beylage CXI.

Schreiben Herrn Marggrav Wilhelms zu Baaden an den General-Lieutenant von Erlach die Rechnungs Abhör, Abschaffung und Bestrafung eines Schwarzachischen Beamten betreffend.

(Jahr 1648)

Wohlgebohrner lieber Herr General-Lieutenant!

Demselben mag ich uff meines Schirms-Angehörigen Closters Schwarzach jetzmaligen Praelatens gebührliches Ansuchen nit verhalten, welchergestalten sich bey Ihme Lorenz Franck, ein unter des Herrn General-Lieutenants Regiment gehöriger Reuther, so Michael Düßlings vor Jahren ermeltes Closters gewesten Schaffners Dochtermann ist, abermalen anmeldet, und unter dem Praetext wegen ermelts seines Schwehrs vermeintl. habender starcken Receß Forderung, von Ihme ein Pferd mit Zugehör, neben einem Stück gelts zu erfordern sich unterstanden. Dieweilen es aber mit ermeltem Dußling, und der vermeinten Praetention eine weit andere, und nämlich diese wahre Beschaffenheit, daß derselbe in Zeit gehabter Schaffney-Verwaltung mit dem Closter und dessen Gefällen sehr dolose gehandlet, nit allein falsche Meß gebraucht, Urkunden, Zettel, und Auszug von den Kaufleuten theils gantz unbezalt für richtig und just theils auch derselben, wohl doppelt mit gebrauchtem betrüglichen Vortheil und erpracticirten falschen Urkunden verrechnet, und andere ungetreue, unverantwortliche Stücklein so lang verübt, daß bey vorgehabter End-Rechnungs Verhör dergleichen Fähler zum Theil an Tag kommen, und man dann weiters und fleißiger nachzuforschen verursacht worden, da sich dann derselben je mehr und mehr, und endlichen so viel befunden, daß Er Düßling anstatt seiner gesuchten nichtigen Forderung etlich tausend Gulden in Geld und Früchten dem Closter und gar nit daßelbe Ihme receßirend schuldig worden. Inmaßen die darüber verfaßte relaxationes mit mehrerem clärlichen zue erkennen gegeben. So bin Ich darüber mit dem Prälaten und Convent Höchlichen verursacht gewesen Ihme Düßlingen nit allein des Diensts mit Ungnaden zue entlassen, sondern auch demselben uffzuelegen, seinen Receß de Gebühr zue liquidiren, oder wie billig, dem Closter zue bezahlen und allorten nit zue weichen, bis alles in Richtigkeit sein würdet, indeme er aber solche seine betrügliche Fähler selbst erkennen müßen solche nimmer ändern, auch zue liquidation des Receß ohne dessen würckliche Bezahlung nit gelangen und Ihme Dahero die Rechnung leichtlich selbst machen können, daß Ich Ihme zur Hafft nemmen, und bis zu leistender Satisfaction neben verwürckter Straf, wie einem solchen ungetreuen Diener gebüret anhalten werden, hat er sich der einreißenden Kriegs-Unruhen bedient, hinder der Thür Urlaub genommen, und in des Bißtumbs Straßburg Diensten nacher Oberkirch begeben, von dannen Ihme zwar (weilen den Bischöfflichen Räthen alle Bewandnis notificiret worden) alßhero hette citiren-und die Gebühr mit Ihme vornemmen laßen, wann nit das Kriegswesen zue baldt eingefallen, und er darüber des Tods verfahren wehre.

In Erwegung dann nun die Sach in Wahrheits Grund erzehltermaßen beschaffen, und das Closter weder viel erwehntem Düßling noch deßen Erben einigen Heller oder Pfenning nicht, sondern dieselbe dem Gotteshauß ein mercklichs zue bezalen schuldig.

Als ersuche den Herrn General-Lieutenant hiemit freundl., damit derselbe dieser Sachen fernere und genugsambe Nachricht bekomme, Er wolle sich gefallen laßen dem Commiſſario Schalder Commiſſion uff zu tragen ſich der Bewandnus von den meldigen zu informiren und ihme alsdann über die Befindung Relation erſtatten zue laßen, ſomittelſt obererwehnten Lorentzen Francken ernſtlich zu inhibiren, daß er von ſolcher ſeiner nichtigen Forderung abſtehe, und ſowohl den Prälaten als auch Ihme anbefohlenes Gottes-Hauß, und deßen angehörige fürther unangefochten laßen ſolle. Und obwohlen von etwas Zeit ihme uff dieſe Praetention ſchwas geliefert worden; Dieweilen jedoch damalen der Prälat, als ein neuer Adminiſtrator hievon noch keine Information gehabt, zumalen was vorgeloffen, aus ſcharffer Commination des damaligen Commendanten in Stollhoffen Polp, alſo aus Kriegs Zwang beſchehen, und weder dem Cloſter ſchwas praejudicirlen noch weniger dem Praetendenten einigen Weegs vorſtändig ſeyn kann, geſtalten an Ihne und die ſeinige das Cloſter ſelbige Auslag, und übrige rechtmäſige Forderung ſich expreſs vorbehalten haben will. So binn umb ſo vielmehr der Wahrheit (damit man allerſeits zue Ruehe kommen) über ein und anderes ehiſt gewärtig, und verbleibe nechſt Göttlicher Beſehlung, wie allzeit

Des Herrn General-Lieutenants

Baaden den 31ten Mertz 1648.

2c. 2c.

Beylage CXII.

Schreiben Abbt Bernhards II. an die M. Badiſche Regierung wodurch Er wegen Abhör der Kloſter-Rechnung um Auſſchub bittet.

(Jahr 1714.)

Hochwohlgebohrne, auch Hochwohl-Edel-Geſtreng, vndt Hochgelehrte, Hochgeehrteſte Herrn ꝛc.

Deroſelben vndeern 13ten hujus ahn mich erlaßenes, iſt mir heunt zue recht überliefert worden, worauß mit mehrern erleſen, daß aus Ihro Hochfürſtl. Durchl. vnſerer Gdgſten Fürſtin Befehl, die Abhörung des Gottes-Haußes Rechnungen vorgenommen, vnd daß zue Vndernehmung dieſes Werckhs Herr Hofrath Naſgel vndt Herr Cammer-Rath Dohlin die Commiſſion gdgſt aufgetragen worden, zue welchem Ende dann Sie beede Herren ahm 20ten dieſes ſich auch allhier zue Schwarzach ohnfehlbar einfinden werden. Nun were mir lieb, wann dieſes Geſchäft auf den 3ten dieſes hette vor ſich gehen mögen, vnd etwaß hette können vorgenommen werden, weilen aber den 20ten vnd folgende 3. Täg darauff nichts oder gar wenig wegen darein fallenden Feyer- vndt Sonntäg kan vorgenommen werden, die darauf kommende Wochen aber in certis negotiis nothwendigerweiß zum Herrn Praelaten auf Eberſtmünſter, alß vnſeren Congregations Viſitatorem verreyßen nachgehends darauff bald die im Elſaß meinem Gotteshauſes wider zugekommene Weinjehendt-Verlehnung perſönlich vornehmen muß; Alß verhoffe, es werde meinen Hochgeehrtiſten Herren nit entgegen ſeyn,

seyn, wan man die Sach nach dem Herbst, vor sich gehn zu laßen belieben würde welches Jhro Hochfürstliche Durchleücht (wann Deroselben Ich solches vnderthänigst vortragen solte) auch nit vngnädig auffnemmen werden; Mithin nebst Empfehlung Göttl. Obsorg verharre

Meiner Hochgeehrtisten Herren

Dienstwilligster
Bernardus Abbas.

Schwarzach den 16ten November 1714.

Beylage CXIII.

Gült- Brief und Verschreibung Abbt- Priors und Convents des Closters Schwartzach, gegen Veit Hoffarten über 400. fl. Hauptguth mit Bewilligung des Marggraven als Landsfürsten und Kastenvogten.

(Jahr 1591.)

Wir Georgius Abbt, Prior und Convent des Gottshauß Schwarzach Straßburger Bistumbs Benedicten Ordens, Bekhennen und thun kundt aller männiglichen hiemit vnndt in Crafft diß Brieffs, daß wir umb unser vndt unsers Gottshauß mehrern nuz vndt frommen willen, doch mit genädigem zuvorwißen vnndt Willen auch Gehell des Durchleüchtigsten Hochgebornen Fürsten vnndt Herrn Herrn Eduarden Fortunaten Marggraven zue Baden vnndt Hochbergß Gravens zue Sponheim vnndt Eberstein Herrn zue Lahr vnndt Mahlberg ꝛc. als unnsers Gottshauß Landsfürsten Casten- Vogt Erbschuz- undt schirm-Herrens, für unnß all unnser Nachkhommen vnndt bemelt Closter Schwarzach aines aufrechten redlichen Khaufs Immasen derselbig nach gemeiner guter Gewonhait, auch vor allen vnndt jeden Geistlichen vnndt Weltlichen der Fürsten Herrn, Stetten, Cammer vndt Hof-Gerichten vnndt Rechten, am aller crefftigsten vnndt beständigsten, Crafft vndt Macht, vnndt, bestant hat, haben soll, kan oder mag verkhauft vnndt zu khauffen geben haben, verkhaufen vndt thun auch daselbig hiemit vndt in Crafft diß Briefs, dem Ernhafften Veit Hoffarten zue Baden, vnndt allen seinen Erben, auch denen so diesen Brief mit sten guttem Wißen Willen vnndt Consens künfftiglichen Innhabern werdenn umb vnnß khaufft, Nemblich Zwantzig Guldin Gelts jeden Gulden für funfzehen Bazen oder Sechzig Kreuzer gerechnet, guetter genemmer Landtswehrung so jederzeit inn der Marggravschafft gehg vndt gibig sein, Rechts jerlich Zinnß von uf vnndt ab unserm vndt vorbenannten unsers Gottshauß aigenthumblichen Hof genant, jeziger Zeit Ulrich Veßler besizt, inn unserm angehörigen Dorf Schwarzach gelegen, auch allen derselben Walten Rechten vnndt gerechtigkhaiten sambt derselben Järlichen Gülten so Järlichen thut, Fünf vndt Viertzig Viertel allerhandt Früchten als rechten wißenhafften, ungezweiffelten under Pfandt jährl. auf die heiligen Ostern vnndt uf Ostern Anno der wenigen Jahrzahl Christi Neünzig zwey den ersten Zinnß mit gutter Landtswehrung wie die jederzeit inn der Marggravschafft Baden gangbafft seyn, wie dann also jedes Jahrs inn solchen münzen ab vnndt uffrichten zue Badenn, oder in unserm Gottshauß zu sein des Verkaufers oder seinen Erbenn, vnndt wißenhafften Innhabern diß Briefs sonder vnndt ohne

₺

der-

derselben Costen undt schaden zu geben undt zue bezahlen auch zu antwortten, wo aber dasselbig nit beschehe, sonder sich begebe, unndt zutragen würde (daß doch nit seyn oder beschehen solt) mehrermelten Verkhauffer oder derselben Erben unndt Innhaber diß Briefs, die angeregten Zwaintzig Guldin Gelts zue bestimbter Zeit undt Zihl Immaßen obstehe nit entrichten oder bezahlen würden, unndt wir oder unsere Nachkommen einichen lengern ufschub der Bezahlung fürwenden wolten, oder würden so soll alsdann obbesagter Verkhauffer oder allderselben Erben unndt Innhabern diß Briefs gut fug, macht unndt recht haben, ehegemelte underpfandt unndt ob Ihme uf was weiß unndt weg solches were, oder geschehen möchte daran ettwas abginge, sonst all und jede unnser unndt unnsers Gottshauß groß unndt klein Zehendt, Güllten Zinnß, oder güetter ligende oder Vahrende nichts davon ußgenommen wie unde wie die weren gelegen erfunden betretten unde ankhommen darein anzulangen zue bekhümmern zu frönen, zue pfenden, an sich zue ziehen mit Geistlichen Weltlichen oder ohne Gericht wie ihme am besten gellebt unndt füegklichsten sein wirt so lang bisch unndt vil biß zue vollkommener Bezahlung unndt Anntwortung obgeschribener Zwaintzig Gulden Gelts, Unndt ist solcher Khauf zugangen unndt beschehen für unndt umb Vierhundert Gulden Inn Müntz gutter genger unndt genemmer Marggrävischer Landtswehrung ieden Gulden für funfzehen Batzen oder Sechtzig Creutzer gerechnet, so wir Verkhäufer also baar empfangen, unndt auch gegeben, vergoltten bezahlt, unnd in unnser unndt unser Gottshauß nutzen frommen und Nothdurfft gewendt seyn hiemit offentlichen bekhennen, setzen und sagen All unnser Nachkommen unndt ehegemelt unnser Gottshauß Schwartzach zue rechten wahren unndt Haupt-Schuldner obernannter Zwaintzig Gulden dieselb all und Jedts Jahrs zu geben undt zue antwortten, Immaßen obstehet, doch ist Uns und unnsern Nachkhommen durch mehrernannten Khäufer hierinn vergönnt unndt Zugelaßen, wann unde zue welcher Zeit ihm Jahrs Wir oder unnsere Nachkhommen über Khurtz oder lang denn Kheüfer seinen Erben, oder Innhabern diß Briefs als obstehet zue seinen oder derselben Erben sichern Handen undt gewalt solche Zwaintzig Gulden Jährlicher Zinnß wider an Uns lauffen, oder ablösen wolten das wir solches mit vorbestimbter Summa der vierhundert Gulden gutter Landtswehrung, samt Nebenerstattung verschiner unndt verfallener Zinsen nach Marzahl der Zeit auch sonst allen unndt jeden darauf verloffnen Costen unndt schaden abzulösen, gut fug unndt macht haben, auch unns daßelbig durch den Verkhauffer oder beßelben undt Innhabern diß Briefs unverwaigerlich gestattet solle werden, doch dergestalt unndt also, daß ihnen solche Loßung ein halb Jahr zuvor wie recht ist, verkhündt unndt alsdann solche Loßung zue Baden oder inn unnßerm Gottshauß würcklichen erfolgen solle. Hierauf so haben Wir für unnß unndt unsere Nachkhommen, bey unseren Ehren versprochen, gereden unndt versprechen auch hiemit, und in Crafft diz Briefs, wißentl. unnd wohlbedächtl., was in diesem Brief geschrieben stehet, wahr vest unndt stets zue halten, unndt darwider nimmermehr zu reden, noch zue thun solches auch nit schaffen noch gestatten gethon zue werden, weder mit Gericht Geistlichen noch weltlichen noch ohne Gericht kainerley weiß, sonnder obgenannter Verkhauffer seine Erben oder rechte Inhaber diß Briefs die Zwaintzig Gulden järliche Zinnß Inmaßen vorsteet antworten, Hievor soll unns, und unnßeren Nachkommen noch ernannten Verunderpfandten Rindbof nit soll schützen, schirmen noch kheinerley freyheit, gnad recht, unndt Gericht, Tröstung oder Gelait seye, werden oder würden gegeben von heyligen Concilien, Bapsten, Römischen Kayßern, Königen, Ertz-Bischoffen, Bischoven oder sonst von andern Geistlichen oder weltlichen Fürsten, Praelaten oder andern, wie die weren oder sein möchten, noch khein Landfried Bindtnuß oder Ainigung der Fürsten Herrn Stetten oder Lender, noch nichts ander Sachen, so jemandt khönte oder möchte erdencken, oder erdacht were, gantz nichts außgenommen, dann wie für unnß undt unsere Nachkhommen unnß vertzigen undt begeben haben, aller Restitution, Exemption, Dispensation, Relaxation Indulten Appellation, Absolution Moratorien, unndt Suspension, die wider hievorgeschriben Ding gantz oder zum Theil aufgericht weren oder werden möchten, als das alles von Wort zue Wort hierinn geschriben schreiben stinde, auch des Ußzugs als ob solche Ding ohne Vorwißen und Verwilligung unnßers ordinarii aines Bischoffs von Straßburg oder unnßers Priors unndt Convents geschehen, undt zugangen weren, oder Wir sprechen wolten, es wehre Mangel an der Besiegelung oder unns were bievorgeschriebene Summa Haubtguts nit geben, nit vergollten noch inn unnßer unndt unnsers Gottshauß nutzen unndt frommen verwendt, man sollte unns wider in gewalt unndt wer setzen, oder wir weren betrogen über das halb Haubtguts eines Beckhaufs, unndt das ein gemeine Verzeihung nit sollte verfahren on sönderung ging den ehevor unndt inngemein unndt innsonderheit alles Beheilfs, damit Wir oder Unnsere Nachkommen wider vorgeschriebenn Ding oder deren ains usserhalb gericht, alles genntlichen uffgeschloßen unndt hindangesetzt, demnach haben wir Hochermeltten unsern gnädigen Fürsten unndt Herrn, umb Verwilligung unndt ratification alles deßen so bievor geschriebenn steht, unndt Versiglung diß Briefs undterthenig gebetten unndt erbetten, Und wir Eduardus Fortunatus von Gottes Gnaden Marggrave zue Baden alß des Gottshauß Schwartzach **Landts-Fürst-Erb-Schutz-unnd Schirm-Herr** weil dieser Khauf umb des Gottshauß mehrern Nutz unnd Wolfarts willen undt deßelben Schaden zufurkhommen, ist zugangen wie wir deßen ußfuhrlich unndt wahrhafftig verstendigt worden, so haben wie inn diesen Brief unnßern Consens unndt Bewilligung geben auch diese **Haupt-Verschreibung** unndt alles das was in dießem Brief geschriebenn steht mit unnserm Fürstl. Secret unndt Insigell roburirt, confirmirt, unndt zu wahrem Urkhundt bestettigt, doch Unns, Unnsern Erben an unnßerer **Lanndts-Fürstlichen Obrigkhaiten, Herrlichkhaiten, Nutzbarkhaitten, Gerechtigkhaitten, Erb, Schutz, Schirms unndt Casten-Vogtey** offtermeltts Closters Schwartzach inn allweg, ohne abbrüchig unndt ohne schaden, So geben inn Unnserm Gottshauß Schwartzach uff Ostern Anno Domini Tausent Fünfhundert unndt im Ain unndt Neuntzigsten.

(L.S.)   (L.S.)   (L.S.)

Beylage CXIV.

Ortenauischer Vertrag, worinnen die Abbtsstäbe als zur Marggravschaft gehörig und darunter begriffen angesehen werden.

(Jahr 1530.)

Wir Carl der Fünfte von Gottes Gnaden Römischer Kayser zu allen Zeiten Mehrer des Reichs, In Germanien ꝛc. Bekennen hiemit öffentlich, und thun kund allermänniglich, Alß sich Irrung gehalten, zwischen dem Ehrwürdigen Unserem Fürsten Rath, und lieben Andächtigen Wilhelm, Bischoffen zu Straßburg, und dem Wohlgebohrnen Unserem und des Reichs lieben Wilhelmen, Graffen zu Fürstenberg, Unserem Landvogt in Ortrenau, als Inhabern und Pfandherren Unsers und des Reichs Eigenthum der Ortrenau an Einem, und dem Hochgebohrnen Philippsen, Marggrafen zu Baaden ꝛc. Unserem lieben Oheim, und Fürsten Anderen Theils, von wegen etlicher leibeigenen Mann- und Frauen-Personen, sein Liebde in Unsers und des Reichs Eigenthum in gemelter Pfandtschafft Ortrenau wohnen hat, auch allerhand anderer Nachburlichen Gebrechen, derhalb sy zu allen Theilen uff jüngst verschinen den vierten Tag Februarii zu gütlicher Verhör, und Handlung, vor Unserem Kayserlichen Stadthalter und Regierung im heiligen Reich zu Speyer gewesen, und nachdem sich daselbst in Handlung zugetragen, daß gemelte Unsere Stadthalter und Regierung zu guetem und schliniger Hinlegung der Sachen einen anderen Tag zu Besichtigung des Augenscheins etlicher hienach gemelten Zinken und Flecken so in Vergleichung dieser Spenn sollen hingeben werden, gen Ottersweyer allen Theilen für zwen von, und vß Unserer Reglerung nemblich dem Edlen, und Unsern und des Reichs lieben getreuen Walthern Freyherren zu Hohen Geroltzeck und Sultz. und Hansen Edlen von der Plonitz darzu verordnet angesezt, darauf auch alle Theil durch Jre Räthe und Anwälde erschienen, haben dieselben Unsere Reglerung verordnete Räthe alle obgemelte Theil nach gehabter Besichtigung des Augenscheins, Jrer Jrrung und Spenn mit Jrem guten Wissen und Willen endlich vertragen, wie hernach folgt. Nemlich daß Unser Oheim und Fürst Marggraue Philipps für sich und seiner Liebde Erben, und Nachkommen, an der Marggravsch ifft Baden, alle und jede Leibeigen Manne, und Frauen Personen, Känder, Jung und Alt, so sein Liebde ober dem Landgraben allenthalben in Unser und des Reichs Eygenthumb gemelter Pfandschafft Ortenau und darinn gehörenden Dörferen, Zinken und Flecken wohnen hat, mit samt allen den Betten, Steuren, Fröhnen, und ander Dienstbarkeiten, sein Lieb und Jre Vor Elter bißher von Jnen gehabt, den gemelten Inhabern und Pfandherren, und Unsern und Jren Nachkommen Jnhabern obbenants des Reichs Aigenthumb zustellen und übergeben, auch Zuen Jre Pflichten, damit so seiner Liebde verwandte, entschlagen, und zu angezigten Pfandts Herren, Jnen Huldigung zu thun, wissen und vermögen solle, also daß so und Jre Nachkommen, die hinder und in Unser des Reichs Aigenthumb wohnen werden, hinführo in Ewigkeit den Jnhabern solliches des Reichs Eigenthumb, mit Reichung Betten, Steuren, Fronen und ander Dienstbarkeiten gehorsamb und gewärtig seyent. Merer hat Unser Oheim Marggraff Philipps den Pfandherren in Ortenau obgenannt, und Jren Nachkommen, an gemelter Pfandtschafft zugestellt und übergeben, seiner Liebde Geselle, Zinß und Gerechtigkeiten, die sein Liebd zu Niederhoffen, undt Mendelbach, an Gelt, Korn, Habern, Cappen, Hennen, Hüenern und Ipsellen, Jerlich Inkommen und Fallen hat, nach Laut einer sondern Verzeichnüs, sein Liebde dem Pfand-Herren hierüber zugestellt hat.

Dargegen sollen die Forderungen und Ansprachen Recht und Gerechtigkeiten, die angezeigte Pfand-Herren in Ortpau, und Jre Vorfahren, Jnhabern dieser Pfandschafft, an die drey Flecken, Höfe oder Zinken Breitenhurst, Hatzenweyer, und Waldsmatten gehabt, gantz hin tot und abseyn, und was sie jederzeit die Pfandtherren Jn Ortenau von Unser und des Reichs Eigenthumb wegen, an solche Flecken und Dörffer Recht und Gerechtigkeit und Oberkeit gehabt, das soll alles mit sambt den Unterthanen Jnwohnern derselben Flecken, so viel deren den Pfandt-Herren zuständig, hinführo Unserm Oheim Marggraue Philipsen undt obgemelten seinen Nachkommen zusteen und bleiben, dergleichen auch als viel Herrligkeit, und Oberkeit offtgemelte Pfandt-Herren von Unser und des Reichs Aigenthumbs wegen, ohne und zu Untzenhurst bisher gehabt, das soll mit samt den Unterthanen, Jung und alt, Man und Frauen, und Jren Nachkommen daselbst wohnend, so vil deren offtgemelten Pfandtherren, von wegen ihrer Pfandschafft in Ortau zugehörig, mit allen Betten, Steuren, Fronen, und ander Dienstbarkeiten, die Pfandtherren bißher von Jnen gehabt, auch alles Unserem Oheim Marggraven Philipsen, und seiner Liebd Nachkommen, gegen obgemelten seiner Liebden übergeben Leibeigne Leuthen, auch zugestellt und übergeben werden, doch dem Stifft Strasburg und andern an Jren Rechten und Gerechtigkeiten, sie der Marck halben der Ort haben unabbrüchlich.

Verer sollen die Zinken und Flecken Waldsteig, Newsatz und Gerbersoerg wie die jetzo der Pauerschafft halben von anderen Flecken und Dörfern unterstelnt seynd, dahin auch von neuem Unterschidung und Stein gesezt werden sollen, mit samt allen Jren
Jnn-

Beylage CXIV.

Innwohneren Mann und Frauen, Jung und Alt und Iren Nachkommen, und derselben Betten, Steuren, Fronen und andern Dienstbarkeiten, und aller Gerichtlichen und anderer Obrigkeit, die Pfandt-Herren in Ortnau von Unser und des Reichs wegen der Ort gehabt, auch Unserem Oheim Marggrave Philipsen zugestelt und übergeben werden, und seiner Liebde mit und nebent Iren Leib angehörigen, sie der Ort sitzen hat, zu steen und bleiben, und darzu die eigen oder Reichs-Leuth, so die Pfand-Herren von Unser oder des Reichs Aigenthumb wegen, bisher binder Unserm Oheim Marggrave Philipsen, in seiner Liebde stab oder Gericht Buchel, auch binder seiner Liebde Schirms-Verwandten Abbt zu Schwarzach, sitzen gehabt, sollen auch seiner Liebde, allermassen undt gestalt, wie oben gemelte eigen Leuth, zugestelt und übergeben, auch Inen und allen andern hieoben gemelten der Pfandherren Anhörigen eigen und Reichs-Leuthen, so Unserm Oheim Marggrave Philipsen also übergeben werden Ihre Pflicht und eyde, damit sy den Pfandtherren verbunden, entschlagen, und von Inen gemelten Unserm Oheim Zuldigung zu thun, und mit Fronen, Betten, steuren und andern Dienstbarkeiten, hinfürgewertig zu seyn, gewißen und angehalten werden, doch soll damit Inen allen der Freyzug, in und an des Reichs Land der Ortnau unbenommen, sondern vorbehalten seyn, und haben über sollchs alles die Pfandtherren Inn Ortnau, was sie von obgemelten Flecken Zinken, eigen Reichs-Leuthen, einkommens gehabt, Gedachtem Unserm Oheim dem Marggraven auch ein unterschiedliche Verzeichnus übergeben.

Weiter ist abgeredt, daß hinfüro zu ewigen Tagen alle und jede Mann und Frauen-Personen, mit Iren Kinden, so in Unser und des Reichs Land in Ortnau und der Marggravschafft Baden sitzen, oder sich künfftiglichen setzen werden, dahin und an dasselbige Ort, und derselben Herrschafft, darunter sy also wohnen werden, sollen mit Betten, Fronen, Steuren, und aller Dienstbarkeit, gehorsamb und gewärtig sein, und kein Theil in das ander Gebiet, mit erforderung der Betten, steuren, fronen oder andern Dienstbarkeiten seinen angehörigen oder eigen Leuthen nachfolgen, ußgenommen ob sich begeben, daß ein Leibeigne Mann- oder Frauens-Person, die keinen freyen Zugk hätten, ohne Wissen und Willen Irer Herrschafft in der andern Herrschafft Gebieth abtrinnig wurde, und sich dahinsetze, der mag Ir Herrschafft wol nachfolgen, also und dergestalt, daß sollche Personen, wann sy der Leibeigenschafft besetzt wurdet, wider hinder Ir Herrschafft, von deren sy kommen ist, ziehe, und von der andern Herrschafft Ir nit vorgehalten werde, doch daß sollchs in Jahrs-Frist beschehe, wann aber ein Leibeigen Person hinder der andern Herrschafft ein Jar lang unerfordert, von Ir Herrschafft sitzen bleibe, die soll alsdann erseßen sein, und Ir Herrschafft sollcher Person verer nit nachzufolgen haben.

Merer ist abgeredt, daß in denen Flecken und Zinken obgemelt die Unserm Oheim dem Marggraven in dieser Vergleichung zugestellt und übergeben werden, hinfüro wie bishero auch gewesen, kein Güter-Bett uffgericht werden, sonder der Ort ein persönliche Bett, wie von Alters herkommen, unter den Personen daselbst seßhafft erhalten werden.

Hiebey ist auch vertragen und abgeredt, daß die Waldtnießung Beholzungen und Weydnießungen, oder Zufarten, so obgemelte Flecken, Zinken und Burschafften, die Unserm Oheim, dem Marggraven jetzo zugestellt und übergeben, gegen und mit andern Flecken, Dörffen und Zincken, der Pfantschafft Inn Ortnau, und dieselben hinwider zu Inen haben, Allermaß und gestalt, wie die bisher gewesen, und nit weiter, auch hinfüro gehalten und bleiben sollen, und hierinnen von keinem theil, ohne den andern, einiche Neuerung fürgenommen werden, es sollen auch alle Theil bey den Waßer-

U Nieß-

Meſſungen, wie bisher die in Iren Bezirck und Geſchelden in Brauch gehabt, alſo hinfür bleiben, und kein Theil den andern weiter übergreiffen.

Weter iſt abgeredt, daß der Zoll Otterſweyer, und auch der Land-Grabe, zu guet und erhaltung des Zolls, bleiben und erhalten werden ſolle, nemblich von den Pfandherrn in Ortenau, von dem Hartberg ob der Hurde an, bis an den Hatzenweyer Steig, welche Weitreiche des Land-Grabens auch der Pfandherren wie bißher, auch das Holz in demſelben Gezirck des Landgrabens, wachſen, bleiben und zuſteen, und von den Pfandherren und Iren angehörigen geſibert werden mag, und damit der Landgrabe deſter ſtattlicher erhalten, ſoll Niemand bey Pene zwey Pfund Pfenning Straßburger, bey zechen Schuechen nahen vom Hag des Landgrabens ſeiner Güeter, und ſoll ſollichs underſchidlich verlocht werden, aber unter Hatzenweyerſteg, ſoll ſo viel zu Ußfürung des Waſſers vonnöten, von aller Theilen Unterthanen nach Beſcheid Irer Herrſchafft gegraben, und ein Grab des doch kein Landgrab ſeyn oder gehalfen, erhalten werden, und das Holz, ſo darinnen unterhalben dem Steeg ufgehauen wirt, ſoll den Leuten, ſo der Ort den Graben Raumen in gemein zu ſtehen, volgen und bleiben, es ſoll auch kein nuwe Zollſtraß über gemelten Landgraben anders, dann zu Otterſweyer und in der Hueb gemacht oder geſtattet werden, doch ſoll den Umſeſſen, damit ſie mit Irem Vihe den nechſten zu den Weyden kommen mögen, auch zu Fürung Ires Heues, Straues, Holz und anderer unzollbar Güeter, wie bißher, ein Weg durch gemelten Graben unterhalb des Steeges, mit einem unbeſchloſſenen Grendel geſtattet, doch daß darburch kein zollbar Guth geſuert werde, bey Pene zehen Gulden.

Sonſt ſoll es des Glaids halben, zwiſchen dem Pfandherrn in Ortnau von Unſer und des Reichs Eigenthumb wegen, undt Unſern Oheim dem Marggraven, allermaſ und geſtalt, wie bißher, oder die Verträg ußweiſſen hinfüro auch gehalten werden, und denſelben mit dieſem Vertrag nichts benommen ſein, auch ſoll dieſer Vertrag, alſo wie obgemeldet, zwiſchen den Pfandherren in Ortnau von wegen Unſer und des Reichs Eigenthumb, und Unſerem Oheim dem Marggrafen abgeredt, Uns und Inen zu allen Theilen, an anderen Unſeren und Iren Rechten, Gerechtigkeiten, Oberkeiten, Herrlichkeiten, Renthen, Zinßen Haäben und Güethern, die ein Theil hinder dem andern ligen oder fallen hat, und ſonſt in alle andere Wege, und gegen anderen unvergreifflich und unſchedlich, und damit keinem Theyl ichs benommen ſein.

Damit auch alle Sprüch und Vertreg, wie die bisher der Leibeigne Leuth und Reichs Leuth halben, zu allen Theylen gegen einander ufgericht und vorhanden geweſen, in denſelben Puncten und Artlcein, da ſie dieſen Vertrag, der Leibeignen und Reichsleuthen nachvolg und Rechten halb, zuwider ſein möchten, tot, ab, und weiter nicht bündig ſeye, und nachdem dieſer Vertrag und Abredte durch Unſere Kayſerliche Regierung im Reich, darzu verordnete Rethe, wie oben angezeigt, zu Otterſweyer uf den XXVIIII. Tag bis nachgemelten Monats und Jars betaydingt und abgeredt, ſo bewilligen Wir demnach darin, beſtettigen und confirmiren den hiemit, wiſſentlich, von Römiſcher Kayſerlichen Macht, für Uns und Unſer Nachkommen am Reich, und wollend, daß dem alſo gentzlich gelebt und nachkommen werde, des auch offtgemelte Pfandherren, für ſich und Ir Nachkommen, Inhaber des Reichs Landt in Ortnau, und unſer Oheim Marggraff Phillipps, für ſich, ſeine Erben und Nachkommen an der Marggraffeſchafft Baaden, alſo zu halten, und dabey zu bleiben, bey wahren Threuen zugeſagt und verſprochen haben;

Des zu Urkund haben Wir Unſer Kayſerlich Innſiegel, des Wir Unß bey Unſer Kayſerlichen Regierung im Heyligen Reich, öffentlich thun hencken an dieſen Brieff, deren drey gleichlauthend gemacht, den vielgenannten Pfandherren yedem einer, und

Unſern

Beylage CXIV.

Unsern Oheim Marggrave Philippsen auch einer, zugestelt. Geben in Unser und des Reichs Stadt Speyer am ꝛc. ꝛc. iii. des Monats Martii, nach Christi unsers Seligmachers Geburt, Funfzehen hundert und im dreysigsten, unserer Reichen des Römischen in ꝛc. i. undt der anderen aller im Funfzehenden Jare.

Concordat cum copia inter alias in forma libelli ex archivo Badensis inclyti Regiminis exhibita. Testor Waldsteegae, 15a 7bris 1725.

Jeremias Kugler.

Beylage CXV.

Extractus eines an Hochfürstl. Marggrävl. Baadische Regierung von dem Herrn Praelaten Bernhard zu Schwarzach sub dato Schwarzach den 26. Septemb. 1725. erlassenen Schreibens.

ꝛc. ꝛc.

Hanns Bernhard Vogel, und Hanns Jacob Zeller. Wobey man mehrgemelten zweyen Bürgeren erwiesen, daß diese und dergleichen Obstacula vorhero nothwendig müsten gehoben werden, wann sich dann nach der Hand einiger Schad von Seiten der Bach oder Mühl würde äußeren, seye man urbietig zur Schadloßhaltung deren Unterthanen das äusserste anzuwenden. ꝛc. ꝛc.

Ohnerachtet aber aller dieser Vorstellungen, so thuen dieselbe gleichwohlen auf ihre einmal vorgefaßten Meynung hartnäckig verharren, mit diesem bloßen Einwenden: die Mühl seye an allem schuld.

Wie sich insonderheit Hanns Jacob Zeller mit diesen ausdrücklichen sowohl impertinenten als importunen formalibus pro more suo heraus gelassen, Es möge Kayser, Pabst, König, Graf, Fürst und Herr kommen, wer da wolle, sagen und machen, was man wolle, so seye die Mühl an allem schuldig, darwider helfe kein Gesetz noch die Propheten ꝛc.

Was aber aus dergleichen ohngereimtem Concept zu schliessen, stelle meinen Hochgeehrten Herrn zu urtheilen selbst anheim.

Diesemnach dieweilen alle gute Vorstellungen und Remonstrationes nichts verfangen, ja die schon einmal praeoccupirte und passionirte Gemüther sich vielmehr dadurch verbittern zu erzeigen wie geneigt ich samt meinem Convent zur Schadloßhaltung derer Unterthanen seye, so ersuche meine Hochgeehrte Herren hiemit inständig, dieselbe wollen belieben die vorhabende Commission wegen der neuen Mühle ehistens auf Unrechts-Kosten vor sich gehen zu lassen. Die Besichtiger als Wasser-Verständige erwehle ich Herrn Michel Rohrer Baumeister zu Rastadt, und den so benahmsten Kunst-Müller, welchen Ihro Hochfürstlichen Durchleucht ohnlängst aus Böhmen berufen, dessen eigentlicher Nahmen mir bis dato unbekannt, zu Beyständneren aber Mathias Rhein-

Rheinfried allhiesigen Gerichtsmann, welcher schon über 30. Jahr Graben-Meister gewesen, deme alle Gräben und Bäche wohlbekannt.

Endlichen (so ferne, es meine Hochgeehrte Herren vor gut befinden) Frantz Crämer Burger, und Obergrabenmeister zu Steinbach, samt Hanß Jacob Rohrmann Schultheißen zu Läberstung. ꝛc. ꝛc.

Beylage CXVI.
Weiteres Schreiben des Prälaten in nächstvorhergehendem Betreff.

(Jahr 1725.)

Hochwohlgebohrne, auch HochEdelgestreng und Hochgelehrte, Hochgeehrte Herren!

Auf Dero letzteres Schreiben, so meine Hochgeehrte Herren an mich erlassen, habe diejenige Unterthanen, welche bey Einer Hochfürstlichen Regierung der neuen Mahlmühl halber klagend einkommen, zu mir beruffen, und ihnen vorgetragen, daß nach dem Willen Einer Hochfürstlichen Regierung ein nochmahliger Augenschein durch unpartheyische doch des Waßers kundige Personen, worunter sie auch ein zu ernennen hätten, solte vorgenommen werden.

Weilen nun ich noch beständig in den Gedanken stehe, daß die Ueberschwemmung derer Wießen, woran mein Gotteshauß das meiste leidet, nicht sogleich der Mühl zuzuschreiben, jedoch denen Unterthanen versprochen, alle mögliche Hülfe zu leisten, damit ihre samt des Gotteshaußes Wießen schadloß gesetzet werden möchten.

Als ist beiderseits verabredet und beliebet worden, die Mühlbach nach Abfließung dieses großen Gewäßers nochmahlen zu visitiren, um endlich auf die Ursach dieser Ergießung zu kommen, worgegen dann beyderseits alle dienliche Mittel ersonnen und vorgekehret werden sollen, welches hiemit mein Hochgeehrten Herren notificiren wollen, der ich in beständiger Veneration verbleibe.

Meiner Hochgeehrter Herren

Schwarzach/den 31 Augst 1725.   Dienstwilligster
Bernardus Abbt.

Beylage CXVII.
Fürstliches Hofgerichts-Urthel in Appellations-Sachen in S. Friedmann, contra Ernst, die Verlassenschaft der Burkardischen Wittwe zu Henkhurst betreffend.

(Jahr 1654.)

In Appellations-Sachen zwischen Clauß und Lorentz Friedmann Gebrüdern zu Unghurst Klägern und Appellanten eines contra Mathes Ernsten von der Schifftung und Consorten Beklagte und Appellaten andern Theils, weiland Mariä Lorentz Burckards Wittben,

Wittben, gebohrner Friedmännin Verlaſſenſchafft betreffend iſt auf die Acta voriger Inſtanz vorgebrachte Appellations-Klag, Red, Gegenred und hinc inde beſchehenen Schluß, und Rechtſatz erkannt, daß in voriger Inſtanz übel geurtheilt, und wohl davon appelliret, auch dahero ſelbiger Beſcheid zu reformiren ſeye; immaſſen Wir hiemit denſelben dahin reformiren, daß die Appellanten als die nächſte Bluts-Verwandte und Erben ab inteſtato von der ganzen haereditaet vor allen Dingen die rechtmäſige liquidirte Schulden bezahlen, hernacher von denen von ihrer Schweſter Maria verordneten Vermächtnüſſen die ihnen gebührende quartam falcidiae, oder den vierten Theil der ganzen Verlaſſenſchafft nach Proportion der Vermächtnuſſen davon alſo lang defalcirem, und abziehen ſollen, bis ſie den vollkommenen vierten Theil der ganzen Erbſchafft empfangen haben werden. Die in beyden Inſtanzien aufgeloſſene Unkoſten aus bewegenden Urſachen gegeneinander vergleichend und compenſirend. Publicatum Baden des 15ten Septembr. 1654.

Fürſtl. Marggr. Badiſche Ober-Canzley.

(L.S.)

Copiam praeſentem ſuo originali verbotenus eſſe conſonam teſtor Raſtadii 28va Decembris 1769.

P. J. Muller
Inclyti Regiminis auliſi Marchion.-Badeno-
Badenſis Secretarius & Regiſtrator.

(L.S.)

Beylage CXVIII.

Auszug Inventarii **der Schaffney zu Schwarzach über die Verlaſſenſchafft der Burkardiſchen Wittwe zu Henchburſt.**

(Jahr 1655.)

Inventarium alles desjenigen, was weyland Maria, Lorenz Burckards Weib ſeel. zu Henchburſt gebohrne Friedmännin, an liegend und wahrendem verlaſſen, ſo beſchrieben worden in perſönlicher Gegenwärtigkeit, der Ehrveſt, Hochgeachten, Ehrenhafft, Ehrſam und beſcheidenen Herrn Johann Jacob Fritzen, Schaffners zu Schwarzach, Hanß Georg Hanzmann, Schultheißen daſelbſt, Thomas Böhmen Schultheißen zu Ober-Bruch, und Michel Zellers des Staabhalters zu Schwarzach, den zwanzigſten Januarii Anno Sechszehenhundert funfzig und fünf.

Und hat vorgemeldte Maria Lorenz Burckards Wittib zu rechtmäßigen Erben hinterlaſſen, ihre von beeden Banden, zween rechte Brüdere, nemlich Lorenz Friedmann Bürgern zu Vimbuch, und Clauß Friedmann Bürgern zu Ungburſt.

Vorderiſt iſt zu wiſſen, daß obbemeldte Maria Lorenz Burkards Wittib, vor ungefehr 17. Jahren in ihrem Wittib-Stand zu Stollhofen in gewähret Kriegsunruhe todts verblichen, und vor ihrem löblichen Hintritt, eine Dispoſition, bey beyden Gerichts-Perſonen zur Stollhofen aufgerichtet, darinnen ſie zwar Matthäus Erntzen uf der Schiffung und seinen Kindern (als bey deme sie kranck gelegen, und in währender Kranckheit viel Guethaten von Jme empfangen) auch anderen Persohnen etwas und den mehreren Theil ihrer Güether legiert, ihren ab intestato rechtmäsigen Erben aber dergestalten vergessen, daß dieselbe auch ihres Rechts Theils durch diese Disposition umb etwas priviert worden.

Dessentwegen auch vorgedachte beede Erben Lorenz und Clauß die Friedmann, sich erstlich beym Ampt Schwarzach und nachgehends uff eine daselbst ergangene ihnen mißfällige Urthel bey Fürstlicher Canzley Baden beklagt, und eine andere Urthel des Innhalts erhalten, daß sie beede als ab intestato rechte Erben, und von der ganzen Verlassenschafft vor allen Dingen, die rechtmäsige liquidirte Schulden bezahlen, defalciren, und alsdann Innen von der übrigen Verlassenschafft durchaus ein vierte Theil eingehändiget, die übrige drey Theil aber vorberührtem Matthæus Ernsten und seinen Kündern, und anderen in der Disposition bedachten Personen, denen die Güther legiert worden, überlassen werden solle.

Darauf dann die Inventation beschehen, wie volgt:

Verlassenschafft.

Liegende Güther.

1.) Summa Anschlag liegender Güther. • • 61½ fl. —

Einnehmende Schulden.

2.) Summa. • • • • • • 13 fl. —

Vahrnus.

Ist angeschlagen umb • • • • 1½ fl. —

3.) Summa p. se.

Summarum ganzen Vermögens 76. fl.

Schulden aus dem Erb.

Summa der Schulden aus dem Erb 16. fl. 5. ß.

Verbleibt noch im Vermögen 59½ fl.

Solche in 4. Theile getheilt, gebühret beeden Erben vermög der Urthell zum Vierten Theil • • • • • • 14. fl. 8. ß. 9. Pf.

Demnach nun beede Erben Lorenz und Clauß Friedmann sich über den Anschlag der Güther beschwehrt, und begehrt, solche zu æstimiren, was sie anietzo zu dieser Zeiten werth, oder aber Innen den vierten Theil Güther einzuraumen, solche Güther aber in vorüber passirten 17. Jahren, (in welchen sie Erben diese Erbschafft ersetzen lassen, und mit Ernst nit gesucht) durch Matthäus Ernsten, als welcher vermög offgerichter Disposition darzu berechtiget zu seyn vermeint, mehrentheils verkaufft, und verendert, auch durch jetzige Innhaber uffgezelt, und verbessert worden, dahero uff beschehene Verlosung allerhand Ungelegenheiten, Unnachbarschafft von Gezänck zu besorgen gewesen)

Als

Beylage CXVIII.

Als ist anheut Dato den 20. Januarii 1655. hierüber zwischen beeden Partheyen ein gütlicher Vergleich getroffen worden, dergestalten, daß alles das, was ein jeder bereits in Handen hat, er habe es gleich durch Testament bekommen, oder sonsten ererbt, in Handen behalten solle, oder das hat Matthäus Ernst versprochen, Innen beeden Erben, Clauß und Lorenz Friedtmann bis Mitfasten, 1655. zu bezahlen, 10. fl. — Desgleichen solle Ernst auch bezahlen, die Belohnung, was Herr Schaffner, beede Herren Schultheißen und Richter, auch der Gerichts-Bott bey dieser Abtheilung verdienet, so da thuet 1. fl. 7. ß. 6. Pf. ic.

Daß nun dieser Vergleich in Beysein vorbeschriebener Personen seye vorgegangen, und allerseits genehmm zu halten verglichen worden

Bezeugt

Schaffner zu Schwarzach
Johann Jacob Fritz
mit Handzug.

Copiam praesentem suo originali de verbo ad verbum esse consonam testor. Rastadii 28va Decembr. 1769.

(L.S.)

P. J. Muller
Inclyti Regiminis aulici Marchion. Badeno-Badensis Secretarius & Registrator.

Beylage CXIX.

Extractus

Löblichen Gotteshauses Schwarzach Contracten-Protocolli de 22da Martii 1682. fol. 135^b 136$^{a. b.}$ 137^a. & ^{b}.

Schwarzach. Kauff geschehen vor 8. Tagen publicirt den 22ten Martii 1682.

Melchior Grafen seeligen gewesten Burgers und Schumachers allhier zu Schwarzach nach Todt hinterlaßene Erben, so in dem, den 2ten April 1682. aufgerichten bey der Canzley Schwarzach befindlichen Haupt-Inventario und beschehenen Abtheilung mit Nahmen zu finden seynd, haben mit Obrigkeitlichem Vorwißen und Gutheißen um ihrer besserer Nutzen und angelegener Nothdurft halber, ihre von dem Erblaßer hinterlaßene Behausung, Hofreithen, samt dem Platz und einem kleinen Gärtel daran, mit ihren Rechten und Gerechtigkeiten, im Dorff Schwarzach gelegen, einseit Michel Burckardt, anderseit Jacob Regenold, vornen die Allmend, hinten Hannß Jacob Schulmeisters Wittib, verkaufft und zu kauffen gegeben Martin Haag Burgern und Schmidt zu erwehntem Schwarzach, und Annae Mariae seiner ehelichen Hausfrau, für und um Dreyhundert und fünf Gulden par Geld, jeden Gulden zu 60 Kr. güter, gangbarer Marggräfl. Badischer Landswehrung, nebst dem Löblichen Gotteshauß Schwarzach jährlich auf Martini ewigen Bodenzinß 8. ß. 2$\frac{1}{2}$ Pf. und Cappen drey Stuck, so der Kauffer fürterhin abzurichten, sonsten außerhalb Beet und Schatzung, zinßfrey, ledig und eigen. Notandum. Solche Behausung und Kauffschilling Hannß Bernard Gerbers Wittib, anjetzo Georg Vogels Burgern allhier eheliche Haußfrau zu lößen begehrt mit Vorwenden, daß sie Melchior Grafen Erben von ihren Müttern und Großmüttern her befreund seye, worauf ihro geantwortet, den Pfenning, ehe die gewöhnliche 14. Tage der Loßung verflieſſen, dem Käuffer zu bringen, und dann ihr Freundſchafft mit Zeugen probiren, nach vollendeter Loßungs-Zeit hat sie die 305. fl. auf die Schaffney gebracht, so ich aber, weil sie ihre Freundſchafft noch nicht probiret hatte, nicht angenommen; sondern Ihro das Geld wieder zuruck geben, und befohlen, innerhalb 2. oder 3. Tagen ihre Zeugen zu produciren.

Den 6ten April hat sie Georg Huber den Staabhalter und Georg Harſch beede Burger allhier, deren einer 75. der andere 78. Jahr alt iſt, hervor gebracht ꝛc.

Urthel.

Nachdeme die von Georg Vogels Frau producirte vornen benamſte Zeugen, und die von ihme Vogel zu Bühl eingeholte Kundſchafft vielfältig exáminiret, darauß aber, indeme die Außſagen einander ſehr zuwider, kein Freundſchafft erkennen können, ſintemalen gantz keinen Urſprung, wie ſolche Freundſchafft von dem verſtorbenen Melchior Grafen herflieſen könnte, erfinden könnten, zumahlen auch Niemand bewußt, noch in einigem Buch zu finden geweſen, von was Geſchlecht des letztverſtorbenen Melchior Grafen Mutter geweſen ſeye; Als wird Georg Vogels eingebrachte Kundſchafft verworfen, und ſein des Vogels jetztmaligen Haußfrauen Maria einer gebohrnen Keßlin das Außloſungs-Recht hiemit abgeſprochen, und dargegen der Kauff Martin Hag dem Schmidt beſtermaſſen confirmiret, die Amtskoſten, und was Melchior Graf der Schumacher von Bühl als rechtmäſiger Erb nach vollendter Zeit der Außloſung allhier verzehrt und verſäumt, ſolle Georg Vogel auch bezahlen, oder mit ihme Schumacher deßwegen ſich vergleichen.

Nota!

Georg Vogel hat ſich über dieſes gegebene Urthel aufs höchſte beſchwehret, aus der Meynung, daß ihme nach Außag ſeiner Gezeugen Philipp Schillings Wittib, wann ihme die Loſung abgeſprochen werden ſolle, mit Gewalt Unrecht geſchehe ꝛc.

Georg Vogel, als ihme das Contrarium geſagt worden, und doch vermeint, es geſchehe ihme Unrecht, hat Man bedütten, daß er dergleichen Reden, ob wolte man der Gerechtigkeit nicht beyſtehen, unterwegen laſſen ſolle, oder aber, wann er je vermeint, daß ihme das Außloſungs-Recht gebühren thue, gleichwohl nach Baden appelliren, allwo man auf Begehren das Protocoll gern ſchicken wolle: Könne er aber auf andere Weeg mehrere Kundſchafft einbringen ſolle Ihm ſolches auch zugelaſſen ſeyn, und immittelſt auf ein gewiſſen Termin das Urthel verſchoben bleiben.

Georg Vogel hat daraufhin ſich zwar vorgenommen, nach Baaden zu appelliren, endlich aber, nachdem er mit ſeinen Freunden deliberiret, acquieſcirt, und geſagt: er ſehe wohl, daß er die Sache nit erzwingen könne, dahero er bey dem Urthel verbleiben, und der Sach ſich völlig entſchlagen wolle, worüber dann aus vorgedachten Worten ihm erſt ein guter Verweiß geben, und darzu noch eine Straf gedrohen worden; nach welchem das Geld unter die Erben außgetheilt, und in der Sach ein End gemacht habe.

Actum diebus ut intus in Beyſeyn Hannß Georg Heitzmann Schultheiſſen allhier, und der Intereſſenten insgeſampt.

Extractum praeſentem quoad paſſus concernentes cum transſumpto concordare teſtor. Raſtadii 28va Decembris 1769.

P. J. Muller,
Inclyti Regimis aulici Marchion. Badeno-
Badenſis Secretarius & Regiſtrator.

(L.S.)

Beylage CXX.

Mandatum Fürstlicher Regierung an das Kloster-Amt Schwarzach
de administrando Justitiam.

(Jahr 1710)

Was bey Fürstl. Regierung dahier Baron Krebs, entgegen Weyl. Hannß Sprauers gewesten Schiffmanns zu Gräffern hinterlassene Erben in puncto debiti angesucht, solches hat des Gottes haus Schwarzach Secretarius Ignatius Wich ab der Anlage des mehreren zu ersehen, welche demselben der Ursachen zugeschicket wird, auf daß er hierinnfalls die fürdersamste Justiz administriren solle. Decretum Baden in Consil. Aul. den 26. Martii 1710.

Fürstl. Marggräfl. Badische Geheimber Rath,
Hofraths-Director und Hofräthe.

H. C. Bralliard,
U. F. v. Gudenus,
mit Handzug.
Baurieux.

Copiam praesentem suo originali de verbo ad verbum esse consonam testor.
Rastadii 28va Decembris 1769.

P. J. Müller,
Inclyti Regiminis aulici Badeno-Badensis
Secretarius & Registrator.

(L.S.)

Beylage CXXI.

Promotoriales Fürstlicher Regierung an den Abbt zu Schwarzach.

(Jahr 1710.)

Hochwürdig in Gott anbächtiger Hochgeehrter
Herr Prälat!

Was bey Fürstl. Regierung dahier Herr Baron Krebs, wegen einer an die sogenannte Sprauerische Erben zu Gräfferen machenden Schuldenforderung abermahls angesuchet, solches ist des mehreren anschlüßig zu ersehen; Wann nun hiebevorn schon an daselbstigen Gottes-Hauses Secretarium zu der Sach ehister Erörterung der Befehl ergangen, solches aber bis hieher unterlassen worden; Als wolle Unser Hochgeehrter Herr Praelat dahin die Verfügung thun, damit innerhalb 4. Wochen Zeit denen Partheyen

theyen durch eine rechtliche Sentenz die Justiz administrirt werde. Versehen Uns des Vollzugs um so mehrers, als man widrigen Falls diese Strittsach von allhasiger Instanz zu avociren und bey Fürstlichen Hofrath dahier deren Decidirung zu maturiren gemüssiget seyn würde. Womit zu Erweissung all freundlichen Willens stets verbleiben. Baden den 6ten May 1710.

Unseres Hochgeehrten Herrn Praelaten.

Freundwillige,
Fürstlich Marggräul. Badische Geheimber Rath,
Hofraths=Director und Hof=Räthe.

Copiam praesentem suo originali verbotenus esse consonam testor. Rastadii 28a Decembr. 1769.

(L.S.)

P. J. Muller,
Inclyti regiminis aulici Marchion. Badeno-Badensis Secretarius & Regiſtrator.

Beylage CXXII.

Auszug Schwarzachischen Amts=Protocolls in S. Krebs contra Sprauer.

Actum Schwarzach den 19ten Maii 1710.

In Beyseyn Ihro Hochwürden und Gnaden Herren Herren Joachimi Abbtens des Gottes haus Schwarzach, Herrn Ignatii Wichens des Amtmanns, Peter Leinfrieden des Schultheissens und Michel Hubers des Gerichts zu Schwarzach.

Auf das bey Hochfürstl. Hoff=Rath zu Baden von Herrn Baron Krebsen überreichte und dem Amt allhier unterm 6ten Maii communicirtes Memoriale die Sprauische Schuld=Sache von 200 fl. betreffend seynd die noch lebende Sprauerische Erben, als Matthias und Hanns beede Burger zu Grefferen dato vor Amt gefordert, und denenselben die fernere eingegebene Krebsische Puncten vorgelesen worden, welche ihre Verantwortung folgendergestalten darüber ertheilet: ꝛc.

Interims=Bescheidt:

Ist hierauf Amtlichen erkannt, daß Herrn Kläger diese der Sprauerischen Verantwortung communicirt werden, und Er innerhalb einer Monaths=Frist das fernere nöthige darauf ohne Schmähe=Wort zum Amt Schwarzach einschicken solle, da alsdann in der Sach ergehen solle, was Rechtens ist.

ꝛc. ꝛc. ꝛc.

Copiam praesentem suo originali verbotenus esse consonam testor. Rastadil 28va Decembr. 1769.

(L.S.)

P. J. Muller,
Inclyti regiminis aulici Marchion Badeno-Badensis Secretarius & Regiſtrator.

Beylage CXXIII.

Extractus
Schwarzacher Amts-Protocolli in Sachen Herren Baron Krebßen von Bach Entgegen Weyland Hannß Sprauers Erben von Gresseren Beklagten.

Eine Schuldforderung ad 200 fl. betreffend.

ꝛc. ꝛc.

Urthel:

In Schuld-Sachen, zwey Hundert Gulden betreffend, welche Herr Baron Krebß von Bach ꝛc. Kläger, an weyland Hannß Sprauers Erben zu Gresseren Beklagte fordert, werden nach reifflicher Uberlegung beederseits eingegebenen Schrifften, Beklagte Sprauer hiemit von der Klag absolviret, und loß gesprochen; Hingegen aber wird Herr Kläger hiemit abgewiesen und in die Expensas condemniret. Sodann werden die von Herrn Kläger über die Beklagte ausgestossene grobe Verläumbungen und Scheltwort von Amtswegen aufgehoben und ihme wieder anheimb geben. Anbey behält sich auch das Closter Schwartzach actionem injuriarum bevor, wegen Schmähung und Ehrverletzlichen Auflagen, welche sich in Herren Klägers Schrifften befinden. Actum und Publicatum Schwartzach den 29. August 1710.

Herr Zettwoch ist von Herrn *Baron Krebsen* bevollmächtiget erschienen; hat das Urthel angehöret, und gleich *stante pede* darwider nacher Baden zum Hochfürstl. Marggräfl. Badischen Hoffrath appelliret, und Copiam des Urtheils begehret, so ihme mitgetheilet worden.

Extractum praesentem suo originali quoad passum concernentem, verbotenus esse conformem testor. Rastadii 28va Decembr. 1769.

(L.S.)

P. J. Müller,
Inclyti regiminis aulici Marchion. Badeno-Badensis Secretarius & Registrator.

Beylage CXXIV.

Apostoli Testimoniales des Amts Schwarzach in S. v. Krebs contra Sprauer.

(1710.)

Daß nach eröffnetem Urthel bey dem Amt Schwarzach in der Krebsischen Schuldforderung an die Sprauerische Erben zu Gresseren Herr Johann Adam Zettwoch, als Herrn Baron Krebsen Mandatarius stante pede nacher Baden an den Hochfürstl.

Margrävl. Badischen Hoffrath gleich appelliret hat, wird hiemit attestiret, und ihme dieser Appellations-Schein davon ertheilet. Schwarzach den 16ten Septembr. 1710.

J. Wich, mit Handzug.

Copiam praesentem suo originali verbotenus esse consonam testor. Rastadii 28va Decembr. 1769.

P. J. Müller,
Inclyti regiminis aulici Marchion. Badeno-
Badensis Secretarius & Registrator.

(L.S.)

Beylage CXXV.

Auszug-Schwarzacher Schaffney-Berichts auf die von Fürstlicher Regierung erlassene Promotoriales in S. Schmidt contra die Reynold- und Kößliche Erben zu Schwarzach.

(Jahr 1722.)

Hochwohlgebohrne, HochEdelgebohrne, HochEdelgestreng und Hochgelehrte, Gnädig und Hochgeehrteste Herrn!

Was bey Einer Hochfürstlichen Regierung zu Rastadt Herren Burgermeister und Rath der Stadt Nürnberg puncto Johann Heinrich Schmidts contra die Reynold- und Kößliche Erben allhier eingegeben, habe ex communicatis mit mehrerem ersehen, welches cum adjunctis wiederum gehorsamlich remittire, und in Unterthänigkeit darüber berichte, daß diese Sach schon über 30. Jahr im Stritt geschwebet ꝛc. welches alles gehorsamlich berichten und nebst unterthänigen Empfehlung beharren wollen,

Euer Gnaden, Gestreng und Herrlichkeit

Schwarzach den 30ten Martii 1722.

unterthänig gehorsamer Diener
Wich.

Copiam praesentem suo originali de verbo ad verbum esse consonam testor. Rastadii 28va Decembr. 1768.

P. J. Müller,
Inclyti regiminis aulici Marchion. Badeno-
Badensis Secretarius & Registrator.

(L.S.)

Beylage CXXVI.

Promotoriales Marggräflich Badischer Regierung an den Abbt zu Schwarzach in S. der Gemeinde Moos contra die Genoßen des 5 Heimburger Walds.

(Jahr 1744.)

Hochwürdig in Gott andächtiger Hochgeehrter Herr Prälat!

Unser Hochgeehrter Herr Prälat wird aus beygehender abschrifftlicher Anlage des mehreren zu ersehen belieben, was bey dießseitig Fürstlichem Amt Schwartzach einige Deputirte der Gemeinde Moos wegen des derselben von dem Closter Schwartzach mit Zuziehung des Hessen-Hanauischen Amts Korckh bey eingenommenem Augenschein platterdings abgesprochenen, von ersagter Gemeind ab immemoriali ruhiglich besessenen sicheren Weyd-Districts am Fünf-Heimburger Wald beschwehrend vorgestellet haben.

Gleichwie nun aber dieses eine Sache ist, welche in die Bannherrlichkeit keineswegs einschläget, und dahero obernehntem Hessen-Hanauischen Amt Korckh, da man denen Bann-Herren ermelten fünf Heimburger Walds nimmermehr einige Jurisdiction außer den Wald-Freveln dießseits eingestanden, noch einraumen kan, die Lit. Cognitio keineswegs gebühret, Wir auch gegen solche bereits behörig protestiren lassen, und übrigens auf gehorsamstes Ansuchen Eingangs mentionirter Gemeind Moos die Promotoriales zu erkennen keinen Anstand gefunden;

Als wird Unser Hochgeehrter Herr Prälat als Nieder-Gerichts-Herr in beeden Abbts-Stäben sich gefallen lassen, der impetrantischen Gemeinde Moos gegen die übrige Waldgenoßene dießfalls in prima instantia die schleunige ohnpartheyische Justiz zu administriren: Dessen Wir Uns Versehen und unter göttlicher Obhuts-Erlaßung verbleiben. Rastadt den 14. Julii 1744.

Unsers Hochgeehrten Herrn Praelatens

Dienstwillige
Hochfürstl. Marggräbl. Badische Geheimbde Räthe,
Hof-Cantzler, Hofraths-Director und
Hof-Räthe.

Copiam praesentem suo originali de verbo ad verbum esse consonam testor. Rastadii 28va Decembris 1769.

(L.S.)

P. J. Muller,
Inclyti Regiminis aulici Marchion. Badeno-
Badensis Secretarius & Registrator.

Beylage CXXVII.

Extractus
Unterthänigster Supplication Anzeig und Bitte,

pro

In Eventum praevia clem^{mæ} decernenda reſtitutione in integrum breui manu adverſus lapſum fatalium, decernendis plenariis appellationis proceſſibus, citatione inhibitione & compulſorialibus, citatione advocati ad jurandum, praefixione termini legalis & prorpgatione fatalium ad 2. vel 3. menſes.

In Sachen
Der Gemeinde Grefferen,

contra

Die Gemeinde Ulm.

Cum adjtis. ſub Lit. A. B. C, D. E. & F.
ſubadjtis. ſub No. 1. & 2.

Exhibirt 27. Junii 1760.

Dr. Fiſcher.

ꝛc. ꝛc.

§. IV.

Endlich ließe ſich die appellatiſche Gemeinde Ulm gar zu Sinnen kommen, entgegen die appellantiſche Gemeinde Grefferen bey dem Cloſter Schwarzach Klage zu führen, und aus zerſchiedenen ohnerheblichen Urſachen, welche ſie bißhero nicht erwieſen haben noch jemahls zu erweiſen im Stand ſind, auf die allgemeine Abtheilung ſämtlicher Waldungen und Rhein-Inſulen quaeſt. und aller davon abhangenden Benutzungen zu provociren.

§. V.

Es muſte alſo dieſe bey gedachter Gerichtsſtelle ſich ſogleich, ohne nur die mindeſte Bedenckungs-Zeit zu haben, auf jene temerariſche Klage einlaſſen und antworten.

§. VI.

Sie zernichtete zwar ſolche gänzlichen, nichts deſto weniger erfolgte den 10ten Maji vorigen Jahrs gegen alles Vermuthen die unter dem Buchſtaben A. hier angebogene (honore Domini Judicis à quo ſalvo) widrig und höchſtbedruckliche Urtheil, Krafft welcher die bisherige Gemeinſchafft aufgehoben, und die Wald-Diſtricten und Inſulen quaeſt. abtheilen zu laſſen, die appellantiſche Gemeind Grefferen condemniret worden.

§. VII.

Da ſie es aber hierbey ohne Befürchtung ihres gänzlichen Ruins nicht belaſſen konnte, ſo beruffte ſie ſich den 17. dicti utpote intra fatale interponendae an den ohn-

ohnmittelbaren höheren Richter, requirirte die verhandelten Acten und Apostolos, und erbothe sich sogleich ad quaevis solennia, wie solches durch die vidimirte Anlage unter dem Buchstaben B. bestättiget wird.

§. VIII.

Sie ließe darauf diese ihre rechtliche eingelegte *Appellation* den 30ten ejusdem (utpote intra fatale introducendae) durch ihren Sachwalter bey dem Hochfürstl. Marggrävl. Badischen Hof zu Rastadt einführen, indeme sie jederzeit von ihren Eltern und Voreltern gehöret hat, daß von denen bey dem Closter Schwarzach gefällt werdenden jezuweiligen Urtheln die *Causa* an das gedacht Hochfürstl. Marggräflich Baden Badische Hof-Gericht *immediate* devolviret werde, somit die *Appellationes* daselbsten eingeführet und befolget werden müssen.

§. IX.

Anwaldts Principalschafft rechtfertigte auch sofort daselbsten den 5. Septembr. ejusdem anni utpote intra fatale justificandae ihre eingeführte Apellation.

§. X.

Nachdeme es aber mit Erkennung derer nachgesuchten Appellations-Processen einigen Verschub gehabt, so suchte der Gegentheil bey dem Herren Unterrichter um die Vollstreckung der Urthel an, worauf den 30ten Januarii dieses Jahrs der Gemeinde Grefferen per Decretum anbefohlen worden, der Urthell *nullibi introducta appellatione* binnen 14. Tagen die schuldige Folge sub poena realis Executionis zu leisten.

§. XI.

Diese setze sich also gemüssiget bey dem Hochfürstl. Marggrävl. Baden-Badischen Hof-Gericht sogleich pro documento introductae appellationis, um sich damit bey dem Herrn Unter-Richter zu Verhütung der Execution legitimiren zu können, unterthänigst anzustehen.

§. XII.

Sie erhielte auch ein solches, wie es in der Anlage unter dem Buchstaben C. in forma authentica befindlich ist, producirte es den 15ten Febr. hujus anni bey dem Closter Schwartzachischen Amt.

Extractum praesentem quoad passus concernentes cum transsumpto concordare testor. Rastadil 28va Decembris 1769.

P. J. Müller.
(L.S.) Inclyti Regiminis aulici Marchion. Badeno-Badensis Secretarius & Registrator.

Beylage CXXVIII.

Bittschrifft Abbts Galli an M. Wilhelmen um ihme die von denen Fürstlichen Schatzungs-Gefällen biebevor gereichte 50 fl. fernerweit aus Fürstlicher Gnade zukommen zu lassen.

(Jahr 1666.)

Durchlauchtigster Fürst, Gnädigster Fürst und Herr!

Demnach Bartholomaei herbey rucket, uff welche Zeit Euer Fürstl. Durchl. die ordinari-Schatzung von meines anvertrauten Gottes-Hauses Unterthanen beeder Stäben Schwartzach und Ulmbuch erheben lässet, und dieselbe seit anno 1648. und bishero, mir und meinen Herren Antecessoren, jährlich aus solcher Schatzung zu jedem Termin 25. fl. NB. aus Gnaden überlassen, ich aber ausser Euer Fürstl. Durchl. an meinen Schaffner Johann Jacob Fritzen unterm 30ten April dieses lauffenden 1666ten Jahrs abgelassenem Fürstlich und gnädigsten Receß-Befelch, unter anderen vernommen, daß dieselbe solche Concession gäntzlichen uffheben, dergestalten, daß dem Gotteshauß hinfüro solche 50. fl. nicht mehr, sondern zu Dero Fürstlichen Landschreiberey geliefert werden sollen.

Als habe bey Euer Fürstl. Durchl. mich darum, NB. gleichwie meine Vorforderen seeliger Gedächtnuß unterthänigst anmelden, und zugleich demüthigst bieten wollen, bey gnädigst bekandter meiner Trangsal, und uffhabendem grossen unerschwinglichen Schuldenlast, mir und meinem anvertrauten Gotteshaus solche Mildfürstliche Gnad doch nicht zu entziehen, sondern mir und diesem armen, in dem Rachen der Creditorum hafftendem Gotteshauß noch ferner gnädigst gedeyen zu lassen, der unterthänigsten Hoffnung gelebend, diese 50. fl. Euer Fürstl. Durchl. an Ihrem Fürstlichen Staat und Hofhaltung keinen besonderen Abgang caussiren, gegen Deroselben ich mich auch Zeit meines Alhierseyns also bezeuget, und hinfuhro, so lang der Allerhöchst mir das Leben fristen wird, also erzeigen und verhalten will, daß Dieselbe nit Ursache gehabt, oder solche noch zu nehmen gemüssiget werden, mich mit dergleichen oder andern Ungnaden anzusehen. Gnädigster Willfahr mich unterthänigst getröstend, Dieselbe mithin Göttlicher Protection, Dero mich aber zu beharrlichen Mildfürstlichen Gnaden demüthigst entpfehlend. Schwartzach den 18ten August Anno 1666.

Euer Fürstl. Durchleucht

unterthänigster bemühigster
Capellan
Gallus
Abbas, mppria.

Daß vorstehende Abschrifft seinem Original gleichlautend seye, bescheinet unter vorgedrucktem Geheimben Canzley-Sigill, Carlsruhe den 10ten May 1773.

Fritsch
Hochfürstl. Marggräfl. Badischer
Geheimbder Registrator.

Bey-

Beylage CXXIX.

Marggrav Wilhelms Rescript an den Abbt Gall zu Schwartzach wegen nachgesuchter Schatzungs-Befreyung derer Kloster-Bedienten.

(Jahr 1667.)

Wilhelm ꝛc. Unseren gnädigsten Gruß zuvor, Würdig Geistlich, Lieber Andächtiger! Uns ist in Unterthänigkeit referiret worden, was ihr wegen Eures Gotteshauß Schaffners, Schultheißen, und übriger dessen Bedienten Schatzungs-Befreyung demüthigst gebetten. Nun seynd Wir zwaren des Gotteshauß Nutzen in alleweg zu befurdern geneigt, in Bedencken aber, von der Schatzung Niemand, wer der auch seye, so liegende und schatzbare Güther hat, erimirt wird, als lassen Wir es dabey billig bewenden, daß, so viel des Gotteshauß Bedienten Personal-Freyheit betrifft, solche denenselben gegönnet, wegen besitzender schatzbarer Güther aber sie gleich anderen angelegt werden sollen; So in Gnaden, wormit euch ohne dem wohl zugethan seynd, wiederantwortlich anfügen wollen. Baden den 25ten Augusti 1667.

Daß vorstehende Abschrifft dem Original-Concept gleichlautend seye, bescheinet unter vorgedrucktem Geheimbden Canzley-Sigill, Carlsruhe den 10ten May 1773.

Fritsch,
Hochfürstl. Maragrävl. Badischer
Geheimer Registrator.

Beylage CXXX.

Extractus
Land-Tags-Abschieds vom Jahr 1558.

Zue wissen, alß der Durchleuchtig Hochgeborn Fürst vnnd Herr, Herr Philibert Marggraue zue Baden, vnnd Graue zue Sponheim Vnser gnediger Fürst vnnd Herr, Herr Philibert Marggraue zue Baden, vnnd Graue zue Sponheim vnser gnediger Fürst vnnd Herr, den acht Embteren, Baden, Ettlingen, Cuppenheim, Stolhouen, Steinbach, Beinheim, Rastetten, vnnd Buchel, sambt den Schirm-Verwandten Schwartzachischen Herren, vnnd Frauenalbischen auch Beyrer Closter Dörffer vnnd Leuthen erforderten Außschuß, auf den siebenden Martii diß acht vnd funffzigsten Jars schrifftlichen furhalten lassen, wie volgt;

Der Durchleuchtig Hochgeborn Fürst vnd Herr, Herr Philibert, Marggraue zu Baden vnnd Graue zu Sponheim, Vnser gnediger Fürst vnnd Herr, würd auß obligender Notturfft gedrungen, Euch den beschrieben auß den Acht Emptern Baden, Ettlingen, Cuppenheim, Stolhouen, Steinbach, Beinheim, Rastetten vnnd Büchel, sambt den Schirms-Verwanden Schwartzachischen Herren, vnnd Frauenalbischen, auch Beyrer Closters Dörffern vnnd Leuthen, alß seiner Fürstl. Gnad. Vnderthonnen vnnd Landsessen seiner Fürstl.

Fürstl. Gnad. Beschwerden genediglich fürzuhalten, vnd Euch vmb Euren Vnderthenigen getreuwen Rath vnnd Hilff anzusuechen, die sein Fürstlich Gnadt auch bey euch auß schuldiger Gehorsamb verhofft zu finden ꝛc. ꝛc.

Wöllicher maſſen aber mit einer Zuebueß seiner Fürstl. Gnad. in diesem vnnd anderm obliegen mit wenigſten Beschwerden der Vnderthonen geholffen möcht werden, wöllt sein Fürstl. Gnad. zum liebſten von der Landſchafft selbſt angehört haben. Aber zu Furderung der Sachen, doch auff derer Guetbedunken wer seiner Fürstl. Gnaden gnedigs Bedencken, das solches möchte zum fueglichſten auf diese Weiß beschehen: so auff einen Omen Weins, deren vier vnnd zweintzig ein Fueder thundt, zween Schilling Pfenning, doch allein auf den Wein, so auff die Gaßen verschenckt vnd inn Wirtshäußeren mit den Geſten vertrenckht wurdet weiters geschlagen wurde ꝛc. ꝛc. Vnnd alß nochmalß den sechszehenten Martii die Verordneten angeregter Landſchafft wiederumb zu Baden vermög der Proposition erschienen vnd sich einer endlichen Anntwurtt entschloſſen, haben dieſselbigen Iren Fürstl. Gnad. in Vnderthenigkheit fürbringen vnd vermelten laſſen, das sie für das erſt mit seinen Fürstl. Gnad. der angeregten Beschwerden halben vndertheniges Mitleiden trügen, das sie auch nach irem ringen Verſtandt vnd Vermögen Iren Fürstl. Gnad. gern berathen vnd beholffen seyn wölten, hätten sich auch darauff entſchloſſen, daß sie seinen Fürstl. Gnad. wölten die Viertzig tausendt Guldin in zehen Jaren lifferen, vnd das sie yetzunder mit dem erſten Zieß auf schierist Jacobi zwey tausend Gulden, vnd nachmahls auf Lichtmeß auch zwey tausend Guldin, und also hinfurter die zehen Jar lang biß zu seliger Erſtattung der viertzig tausendt Guldin die Hilff leiſten wölten; Zum andern wölten sie auch bewilligt haben in das Hilff Geld vom Wein, das nemblich auf jedes Fueder Wein drey Guldin sechs Schilling Pfening Marggräfl. zehen Jar lang geschlagen vnd auf Georgii schieriſt khunfftig mit Erlegung deſſelben angefangen wurde;

Das sie auch Inen zum dritten in Vnderthenigkeit wol gefallen laſſen, das zu Insichhebung, Auffhebung vnd Verwaltung solcher beyder Hilffgelden auf Ir Fürstl. Gnad. selbs fürschlachen sondern Innemer gezogen würden, wie dann derhalben sondre Ordnung alsbald geſtellt, darinnen begriffen werden, wo dieselben Innemer gezogen, weß so sich auch halten, thun vnnd laſſen sollen, alles Verrers Inhalts angeregter Ordnung. Vnnd das zuvorders sollichs Geld nirgends hin verwendt solle werden, alß zu notwendigen Vnsers gnedigen Fürſten vnd Herrn in der Marggraueſchafft Baden Gebeuwen vnd fürnemlichen an das Schleß zu Ettlingen vnd zu Ringerung der verschiedenen Beschwerden auff dem Fürſtenthumb der Marggraueſchafft Baden. ꝛc. ꝛc.

Dargegegen iſt Innen bewilligt, das sie das Vngeld allhier zu Baden eins Hellers höher ſteigen mögen, welliches Inen zur Ergötzlichkeyt bewilligten Hilff volgen solle.

Es hat auch hochgedachter Fürſt der Landtschafft, gnediglichen bewilligt vnnd zugesagt, das die angeregte Hilff auf den Wein vnd dan die Viertzig tausend Guldin auff die Vnderthonen geschlagen, nach Endtung der zehen Jahr auffhören vnd lenger nit weren soll.

Vnnd dieweil dan Wir Philibert von Gotts Gnaden Marggraue zu Baden vnd Graue zu Sponheim, dise Bewilligung von Vnser getreuen gehorsamen Landtſchafft zue gnedigem Bemüegen angenomen, so reden vnd verſprechen Wir für Vns, Vnsere Erben vnd Nachkhomen mannlichs Geſchlechts vom Hauß Baden geboren, bey Vnsern Fürſtlichen Würden, vnnd treuwen, vnd bey dem Wortt der Wahrheit, Vnser Erbieten vnd gnedigs Bewilligen gemelter Landtſchafft, in der Proposition vnd auff ihr vnderthenigs Bitten vnd Bedencken in allen Puncten vnd Articuln, wie die hierin vermeldet sein, wahr, ſtett, vnd vest zu halten, auch wie die acht Embter mit den

Schirmes

Beylage CXXX.

Schirms-Verwandten Vnserm gnädigen Fürsten vnd Herrn in Vnderthenigkheit den Auffschlag auff den Wein, vnd die Hilff der Viertzig tausent Gulden bewilliget haben, so versprechen Wir hiemit seinen Fürstl. Gnad. derselben Erben vnd Nachkommen manliche Stamens vom Hauß Baden geboren, an eines geschwornen Eyds-Statt, wie es hierinnen von Unß zugesagt vnd bewilliget ist, dieselbig Hilff trewlich zu leisten vnd dem wüklichen zu geleben, für Vns vnnd Vnser Nachkommen sein Fürstl. Gnad.; Vnd die Verordneten von der Landschafft habend auch in Crafft diß Brieffs einander weiter zugesagt vnnd versprochen, diese alles sambt, vnnd sonnder wahr, stett vnd vest zu halten, ohne einige Inn oder Außrede, wie die darwider erdacht möchte werden, alles in bester vnnd bestendigister Form, so das beschehen soll, khan oder mag.

Das zu mehrer Bestettigung seyen der Verschreibungen vier gleichlauts gemacht, vnnd mit Vnnser Marggraue Philiberts vnnd Vnnser der dreyen Stätt, Baden, Ettlingen, vnd Stolhouen von wegen vnnser selbs, auch anderer von Landschafft vnnd Schirms-Verwandten wegen, Bitte anhangenden Insigeln besigelt. Deren Hochgedachten Fürsten die ein vnnd die andern drey vermelten dreyen Stätten von wegen der gantzen Landschafft zugestölt vnd geben worden zu Baden, den sechtzechenden Tag des Monnats Martii von Christi Geburt gezalt tausent fünff Hundert funfftzig vnnd acht Jahr.

Beylage CXXXI.

Außzug Landtags-Abschieds zwischen weyl. Herrn Marggraven Georg Friderichen zu Baden etc. vnd den Außschüssen der obern Marggraffschafft Baden de dato Carlsburg auff Freytag den 25ten Novembr. 1614.

Diß nun bemelte Landschafften vnd Vnderthanen der vndern vnd obern Marggravschafft teils in der Person, alß der Ehrwürdig Geistlich Herr, Georg Apt des Closters Schwartzach, desgleichen die Ehrwürdig vnd geistlich Frau Margreta Abbatißin, zu Lichtenthal, durch Ire Schaffner Johann Rötzern die andere aber durch Ire grössere Außschuff, deren Nahmen Obern Marggravschafft zu Endt dieses Abschieds zu befinden, alle mit gnugsamen Gewälten, ohne hinter sich bringen, vnderthäniges Gehorsamß erschienen etc. etc.

Diewell dann mit Gnadenreichen Beystand des Allerhöchsten dieser Landtag sich wol vnd glücklich geendet, vnd mit Irer Fürstl. Gnaden gnedigen auch Dero gehorsamen lieben Landschafften vnderthänigen Willen, alles so vorstehet, abgehandelt, vnd sie solchem vestiglich nachzusetzen versprochen, So haben dessen zu wahrer Vrkhundt Ire Fürstl.Gnad. diesen Abschied mit Irer Fürstl. Gn. Handt vnterzogen, auch Dero großes Insiegel hieran hencken lassen, vnd Wir hernach benannte eines Ersamen Landschafft der Obern Marggravschafft Baden verordnete Gevollmächtige Außschuß bekhennen hiemit für Vnß, vnsere Mitburger vnd Gemeinden samt vnd sonders auch Ir vnd Vnser Jedes Erben vnd Nachkommen, das Wir alles, so hierinnen begriffen, vnd Sie, auch Vnß berüren thut, getrew gehorsamlich vnd auffrichtig halten vnd vollziehen. darwider nicht thun, noch zu thun schaffen, sondern sie vnd Vnß wie vorstehet zum allerbeständigsten in bester Form, als es immer geschehen mag kann oder soll, verbunden, auch alles

Auszug begeben haben wollen, in maaßen solches Ire Fürstl. Gnad. Wir Zu Crafft dieses versprechen vnd zusagen, darbey doch Wir der Stadt Baden Abgeordnete außtrücklich reserviret vnd vorbehalten daß dieses alles sonsten vnserer Stadt Freyheiten vnschäd- vnd abbrüchig seyn solle. Deßen zu Zeugniß sind dieser Abschied zween gleichlautend gefertigt, v. von folgender

als Nehmlichen

Vom Geistlichen Standt

Herr Georg Apt zu Schwarzach in der Person. Von wegen Frawen Margaretha Abbtißin, Priorin vnd Conuent des Closters Lichtenthal:
Johann Rötzer Schaffner daselbst.

Wegen Stabhalter vnd Gericht zu Beuren vnd deßelben Thals.
Georg Schulmeister vnd
Jacob Herr beede des Gerichts zu gemeltem Beuren.
rc. rc.

Von wegen des Flecken Ersingen.
Leonhart Zöllingen Anwalt vnd
Jacob Müller des Gerichts alda.

NB. Des Herrn Apts zu Schwarzach, ferner der Fraw Aptißin zu Lichtenthal, wie auch des Fleckens Ersingen Insigele hangen nebst andern noch vnversehrt an.

Fideliter extrahirt. Baßel den 3ten April 1748.
T. Leiblin.

Beylage CXXXIII.

Forst-Ordnung Marggrav Philipsen, wodurch Christophen von Arres und Gabriel Prombergern die Auffsicht auf den Forst und Wildbann in der Casten-Vogtey Schwarzach ist übertragen worden.

(Jahr 1586.)

Unser Philipsen von Gottes Gnaden Marggraues zue Baden und Hachberg, Grauen zue Sponheim vnnd Eberstein, Herrns zue Lahr vnnd Mahlberg rc. Instruction vnnd Beuelch, wie vnnd welchergestalt Wir es in Vnnsern Försten vnnd Wälden, sowol Holtz als Wildpreths halben gehalten haben wöllen. Erstlich: damit Vnnsere Först, vnnd Wäldt nach besten Fleiß versehen, vnnd wie sich gebüerdt, in gutem Wesen, vor Schaden souiel müglich erhalten werden mögen, verordnen Wir, so uiel die Aembter, Baden, Stollhoffen, Castenuogtey Schwarzach, Büchel, Stainbach vnnd Croßwener, belangt, vnnsere Diener vnnd liebe Getrewen, Christophen von Arreß vnnd Gabriel Prombergern, vnnd dann souiel die Aembter Ettlingen, Cuppenheim, Beinheim, Rastatt, Frauenalb, Herrenalb, vnd die gantz Hardt belangt,

belangt, Peter Krugen vnnd Reinhardt Gündten, biß vff Vnnser Enderung, darüber zu Vettwaldtern, vnnd Vffiehern, dergestalt, das sie Vff bemelte Vnnsere Forst, Wäldt, vnnd Wildtfuhr, damit dieselbige in dem Standt wie sie solche anjetzo befunden, souiel müglich erhalten, ir guet Auffsehens haben, vnnd bo inen etwas widerigs, so zu Schmelerung vnnd Abgang derselben geraichen thete, begegnete, solches Vnns jederzeit vnndertheng anbringen, Vnnd sonsten sich demjenigen, darzue sie ir Bestallung vnnd darüber gelaiste Pflicht vnd Aydt weisen gemeß ertzeigen vnd verhalten sollen, 2c. 2c. Geben zue Baden, den fünff vnnd zwentzigsten Augusti Anno &c. im sechs vnd achtzigsten.

(L.S.)

Beylage CXXXIII.

Auszug Zeugen-Verhörs, die Fürstl. Jagd, Atz und Dienst-Gerechtsame zu Schwarzach betreffend.

(Jahr 1672.)

Nachdeme der Durchleuchtigste Fürst und Herr, Herr Wilhelm, Marggraue zue Baden vndt Hochberg 2c. nothwendig befunden, daß Dero Bediente vnnd Vnderthanen im Stolhouer Ambt, vndt Staab Schwarzach, sowohlen wegen des Jagens im Abbt-Staab Schwarzach, als anderer dem Herrn Prälaten zue besagtem Schwarzach eine Zeitlang nachgesehener Gerechtsame zue erlangung satsammb gründl. Berichts aldrlich verhört werden, haben dieselbe Dero Forst vndt Jägermeistern Ferdinand Megenzern von Veltdorf wie auch Dero beeden Hofräthen vnd resp. geheimben Secretario Joh. Christoph Hinderern vndt Jacob Biblefelden der Rechten Doctorn gdiste Commission vnd Befelch ertheilet, sich derenthalben neben mir zue endtgesetzten Kayf. offenbahren Notario nacher besagtem Stollhouen zu erheben, maßen dieselbe auch Montags den 26. April Abends zue Stollhouen abngelangt vndt nit ermangelt, volgenden Dienstags Dero Abnweesen vndt das mann den Nachmittag dahin sich begeben auch Mittwochs darauf die vnder den Abbtstab gehörige specificirte Personen darüber aldtlich verhören wolle, dem Herrn Prälaten vnnd Schaffnern Betag, zu notificiren vmb die dahin gehörige Persohnen vf Mittwoch dahin vorbeschalten zu laßen, worauf dieselbe gegenwärtiges recepisse sub Lit. C. zurückgeschickht, Immittelst seindt

Dienstags den 26. April 1672. von Ihnen Herrn Fürstl. Abgeordneten volgende Fürstl. Marggräfl. Badische Vnderthanen des Amts Stollhouen, so viel man deren donnöthen gehabt in die Herberg zum Adler in Stollhouen morgens früher Tag-Zeit vorgefordert vndt von Herrn Hofrath Hinderer denenselben vorgetragen worden, wie das Ihre Durchl. vnser allerseitßs gndste Fürst vndt Herr absonderlich zu vernehmmen verlangen, wie es doch mit dem Jag. im Abbt-Stab Schwarzach vndt anderem so sie hernächst vernemmen werden, aigentlich bewandt seyn möge, vndt daß dannenhero Höchstgedacht Ihre Durchl. deren Lufsag was Ihnen von denen fürkesenden Interrogatorien Lit. D. etwann wißendt zue iher nachrichtlich in schrifften verlesen wolle, daß dannenhero sie alles dasjenige, was sie dauon zue sagen wußten, khainem Theil weder zue Lieb,

Bb nach

noch zu Laide getrew vndt ordentlich angeben solle, wie es vor dem allwissend gerechten Gott ohne geringste Verletzung Ihres Gewißens zue verantworten getrawten, auch wa sie dem also nachzukommen gedächten die Handtrew vndt würckl. Aidt ablegen, auch also niemanden weder zue Lieb noch zue Laidt frey mit der Sprach heraus gehen solten, welches sie also zu thun versprochen. Hierauf seindt dieselbe Ihrer Pflicht vnndt Aiden, wormit Vnserem gdigsten Fürsten vndt Herren Sie zugethan seindt, erlaßen worden, welche dann darauf angelobten, vnndt daß vorgehaltene Juramentum mit aufgereckhten Fingeren würcklich praestiret, auch hernach deponiret, wie hernach folgt:

1.

Jacob Benckh Ober-Jäger zu Baden seines Alters im 65. Jahr.

Ad 1mo) 1629. seye er erst ins Landt khommen, vndt seithero daselbst nie gejagt worden, wie er aber von sein Vorfahren gewesten Ober-Jägern Hannß Caspar Oeßringer, vnndt Mathels Rappen, auch dem verstorbenen Jägermeister Megenzer seel. verstanden, habe mann Anno 1626. oder 1627. mit dem grosen Jagd-Zeug in Muer, vnndt in denen Greffern Wörthen gejagt, daß nur seithero man daselbsten nit gejagt, seye allein die Vrsach, daß nit viel Wildprett daselbsten zu finden, vndt es der Mühe nit werth gewesen, die Garn vndt Zeug dahin zu bringen, weil sie daselbst sonderlich im Muer gar seer verderbt wurden, auch damit jetzo gar nit forth zue khommen wehre, Es habe auch Wilhelm Demueth der gewese Windtheker im Schwartzachischen gehegt, vndt gejagt, Hüner alldorten gefangen, wie Wilhelm Ihme selbsten gesagt, ob aber Ihre Durchl. darinnen gejagt, wiße er nicht.

Ad 2. nescit.

Ad 3. nescit, weil er nit im Land gebürtig, vnd erst 1629. in diß Landt khommen.

Ad 4. Die Marggräuische seyen allezeit erschienen, von den Abbtischen wiße er nit, weil er frembd.

Ad 5. nescit.

Ad 6. Nain? von Anno 1629. da er inß Landt khommen biß Ihre Durchl. auß dem Landt vertrieben: vnd der Atz wegen eingefallenen Kriegsweesens vnndt des Closters Armuth vndt Verderbens suspendirt worden, habe das Closter kheinen Jäger gehalten, dann man es dem Closter nit gestattet biß daselbe in vorgewesenen Kriegsweesen vnndt da Ihre Durchl. nit im Landt gewest Gelegenheit genommen, einen Jäger ahnzunehmen.

Ad 7. Von 1629. biß 1634. habe das Closter seines Wißens kheinen Zeug gehabt, zum wenigsten habe Er davon weder gesehen noch gehört!

Ad 8. Khein Prälat habe obige Zeit nie gejagt, sondern seyen die Garn erst nachgehends gemacht worden.

Ad 9. Beruefet sich uff die in anno 1622. vorgangene Gränz Bereithung vnndt sagt für gewiß, der Sellinger Forst gehe hinauf bis zuem Schwarzen Waßer wa der Großwelherer Forst aufhöre, da fange der Sellinger Forst ahn, was nit in den Sellinger Forst gehöre, das gehöre in den Steinbacher Forst.

Ad 10. Er selbsten seye mit dem Jägermeister seel. Pferdten vnnd Hunden im Stollhover Forst vnndt Bann-Waldt gewesen, wann der Schweinhatz Hirsch-Faist vnd dergleichen Jagen angegangen, da habe das Closter Schwartzach Ihnen den

Beylage CXXXIII.

den Aß vnndt die Nottdurfft für Pferdt, vndt Hundt gegeben, vnndt wann vmb den Mayen die Hunds-Arbeit abngegangen, seyen sie mit 3. oder 4. Personen vnndt so viel Hunnden ins Closter khommen, denen habe mann so lang die Hunds-Arbeit gewähret, die notthürftige Aßung allzeit verschafft. Sie seyen bisweilen hinaus gegangen, vnd haben etwann einen Haasen geschossen, den Sie dem Herrn Prälaten gebracht, welches dem Herrn Prälaten gar wohl gefallen, welcher Jhnen hernach einen Trunck extra verehrt. Es haben aber Jhre Durchl, weil das Closter im Kriegswesen verderbt worden daßelbe auf ein Zeitlang des Aßes entheht, Nachgehends seye Er Ober-Jäger wegen des Aßes vom Jägermeister ins Closter wieder geschickt worden, mann habe aber allemahl abgebrochen vndt allzeit weniger, als zuvor gegeben.

Ad 11. Bey guetem Fang habe mann dem Closter ein Spieß-Hirsch oder etwann im Schweinhaß ein oder anderes Stück gegeben. caetera nescit.

Ad 12. Zwey große Englische Hundt habe das Closter halten müssen.

Ad 13. nescit.

Ad 14. Habe die Pferdt deren 4 gewesen, vnnd der Schwarzacher Hannß Reinlin genannt versehen, selbst mit Augen gesehen, wiße auch wohl, wie Jhre DurchL vnser gndigste Herr in Deßen gereißt, daß man selbige Pferde dahin, vndt woblen mann selbige zue Herrschafftlige Raißen bedorfft hergeben müßen. Die Heßische Raiß seie vnder Abbt Jacoben geschehen, wie er vermaine, hat sonsten weiters nichts wißen wollen, dahero er auch mit auferlegtem Stillschweigen erlaßen worden.

2.

Deponent Hanns Philipps Hobler, Jäger zue Söllingen 56. Jahr alt.

Auf sammentliche Interrogatoria gab er diesen Bericht: daß er von seinem Vatter Clauß Hoblern 22. Jahr lang gewesten Forstknecht zue besagtem Söllingen, welcher auch 60. Jahr alt gewesen, vndt vor 12. Jahren verstorben, gehört, daß der Prälat nie kheinen Jäger gehabt, sondern allein mit Windspielhen gejagt. Von anderem habe er nichts gehört, vndt wiße auch selbsten von nichts. adeoque injuncto silentio dimissus.

3.

Jacob Leppert von Stolhoven über 70 Jahr.

Ad 1. Mann habe seines Wißens zue Söllingen vndt im Reisen wörth gejagt.

Ad 2. Will sich nit erinnern, Aber niemahl habe der alte Marggraff im Greeffern Wörth gejagt, vndt weil man nichts gefangen vnnde es nichts geben, habe man gelaßen vnnd dem Herrn Prälaten das Jagen daselbst geschenckt.

Ad 3. waiß nichts.

Ad 4. Von den Aebbtischen wiße er nichts, daß die zum Jagen in den Bannwald, Geggenaw khommen müßen wohl aber die Marggravische.

Ad 5. Unter Durlach seye es dem Closter übergeben worden.

Ad 6. Vnder dem Durlacher vnd vnserm gndigstn Herrn haben sie Jäger gehalten, welche Hasen, Reh, vndt was Sie abngetroffen, geschoßen, aber nur jeenseiths des Landthags, kann hierüber haben sie nit gedörfft weil die Forstknecht Achtung darauf geben.

Ad 7. 9. 12. 13. nescit.

Ad 8. nit der Prälat sondern seine Diener.

Ad 10. wiße wohl, daß die gantze Jägerey zue 8. 14. Tag oder länger im Closter vnderhalten worden seye.

Ad 11. Wann es ein guet Jagen gegeben, Im weisen Wörth, Bahnwaldt oder sonsten, habe man dem Closter mithien einen Spießhirsch oder Frischling verehrt.

Ad 14. Habe von seinem Vatter seel. gehört, daß das Closter der Herrschafft allzeit 4. Pferdt zu Dero Diensten vndt Raisen halten müeßen. Endet damit seine Aussag und ist gleichmäßig imposito silentio erlassen worden.

4.

Matern Fritsch von Stolhoven Marggrävl. Leibaig. ober 60. Jahr alt.

Ad 1. 2. 3. 9. nescit.

Ad 4. seyen allein die Marggrävische daselbst gewesen.

Ad 5. & 8. Habe die Herren des Closters sehen In der Kastenaw Hasen jagen vnndt seyen sie bey seinem Gedencken bey Ihme vorbey passirt, habe auch vor vngefehr 40. oder 50. Jahren, da er noch ein Jung gewesen helfen treiben.

Ad 6. Ja, seyen aber Bürgere vndt nit, wie jetzt geschwohrene eigene Jäger gewesen, habe von seinen Elteren gehört, das das Closter khein Gerechtigkheit gehabt, groß Wildbrett zu schießen, wohl aber Reh vnd Hasen, groß Wildt oder groß Wildbrett haben sie nie schießen dörfen.

Ad 7. Daß Sie Garn gehabt haben wiße Er nicht, aber wohl, daß sie jetzt haben.

Ad 10. Wiße, daß sie das essen von Schwarzach mit dem Karch herabgeführet, auch wann sie mit der Jägerey etwann nit ins Closter khommen können, habe sein Bruder Hannß Fritsch gewester Würth zue Söllingen Ihnen die Nothdurfft in essen und trincken verschafft, wie dann der Prälat ihme Deponenten selbsten 50. fl. Zehrung, so vf ein Zeit gewehrten Jagens bey ihme seinem Brudern aufgangen, vnd er Fritsch von seinem Bruder geerbt, guet gemacht vndt bezahlt, die Hundt seyen zue Schwarzach im Rindthoff gelegen.

Ad 11. Habe selbsten alß mann im Bahnwaldt gejagt, ein Stuckh sehen hinauf führen.

Ad 12. Habe ainist hören sagen, daß das Closter, neben ihren Windspihlen auch grose Hundt halten müßen.

Ad 13. Habe es nit in acht genommen.

Ad 14. Wiße es nit, werden aber wohl Leuth sein, so davon Wißenschafft haben.

Dimissus ut alii.

5.

Hanns Peter Schwarzacher N. L. 72. Jahr alt.

Ad 1. 2. 3. 4. 5. 8. 11. 13. sagt Er habe dem gewesten Jäger zue Söllingen Clauß Hodler vor ungefehr 20. Jahren in der Kastenau Hasen vndt Füx helfen treiben, im vbrigen wiße er von obigem nichts.

Ad 6. Vorhien haben Sie Jeger gehabt, so dorten verburgert gewesen, hernach in dem Kriegswesen, habe das Closter Jeger gehalten vor vngefehr 35. Jahren, wiße daß einer da gewesen, 3. oder 4. Jahr, welcher Hannß geheißen.

Ad 7. Wolffgarn habe das Closter gehabt, welche bißweilen entlehnt worden. Von andern Garnen oder Jag-Zeug wiße er nichtß.

Ad 9. der Söllinger Forst, solle wie er gehört, biß ahn den Landthag gehen.

Ad 10. Wiße wohl, daß die Leuth vndt Hundt hierauf ins Closter auch von vndt zuegangen Anno 618. Vnder dem Durlacher habe mann auch den Jagzeug vndt anders hienauf geführt.

Ad 12. seyen steets große Hunde im Closter geloffen, wiße aber nit, ob sie der Herrschafft oder dem Closter zuegehört.

Ad 14. seye ein Gutsch im Closter gehalten worden darzue das Closter vor vndt in der Durlacher Regierung die Pferdt hergeben müßen.

6.

Hanns Schue von Stolhoven Æ. L. 50. Jahr alt.

Ad 1. 2. 3. 4. 5. 9. 11. 13. nescit.

Ad 6. Bey Hauptmann Ebers Zeiten habe das Closter die ersten Jäger ahngenommen, die vorhin geweste Schützen seien Bürger gewesen.

Ad 7. Wolfgarn haben sie gehabt, welche von ihnen auch entlehnet worden.

Ad 8. Vor vngefehr 40. Jahren habe er sie mit Windspielen in der Kastenawe sehen jagen.

Ad 10. Ja, bißweilen habe mann die Hundt hienauf biß weilen die Nottdurfft herunder geführt, so lang das Jagen geweehrt.

Ad 12. Seyen allzeit große Englische Hundt zue Schwarzach gehalten worden, wie er dann selbsten einmahl einen großen gelben Hundt zue einem Jagen nacher Söllingen geführt.

Ad 14. Ja Georg Heß vnndt dann Hannß Reinlein, habe selbige Pferdt so das Closter zue der Herrschafft Diensten halten vndt hergeben mueßen, versehen.

7.

Matthes Hagenawer von Stolhoven Æ. L. 63. Jahr.

Ad 1. 2. 3. 4. 5. 9. 11. 13. & 14. nescit.

Ad 6. Vorhien habe das Closter nur Schützen gehalten, welche Burger gewesen, bey Hauptmann Ebers Zeiten habe das Closter den ersten Jeger ahngenommen.

Ad 7. Haben nur Wolffgarn gehabt, so sie gelehnt.

Ad 8. In der Kastenaw habe er vor 40. Jahren mit Windspielen sehen jagen.

Ad 10. Die Jägerey habe das Closter vnderhalten: vnde daß eben uff dem Rath mithien nachfuehren müßen.

Ad 11. Die große Hundt, so im Closter gewesen, habe mah im Marggräffischen Jagen hien vndt wieder gebraucht.

Endet rc.

8.

Peter Krebsstein von Stollhoven M. L. 66. Jahr alt.

Ad 1. 2. 3. 4. 5. 9. 11. 12. 13. nescit.

Ad 6. Bey Hauptmann Eders Zeiten seye der erste Jäger nacher Schwarzach abgenommen worden, die vorige seyen Bürgere gewesen.

Ad 7. Wiße nur von Wolfs-Garn.

Ad 8. In der Kastenaw habe das Kloster vor ungefehr 40. Jahren, aber nur mit Windtspihlen gejagt.

Ad 10. Die Jegerey seye im Closter underhalten, auch bißweilen daß Eßen uf Kärchen zugeführet worden.

Ad 14. Bey Durlacher Regierung wiße wohl, obß aber zuvor oder hernach geschehen, wiße Er nit.

Endet ꝛc.

9.

Mattheiß Schäfer M. L. ungefehr 60. Jahr.

Ad 1. 2. 3. 4. 5. 7. 9. 11. 12. 13. 14. nescit.

Ad 6. & 8. Wie der vorige.

Ad 10. Ja, wo das Jagen gewesen habe mann der Jegerey eßen vnndt trincken geben vnd des Abendtß die Hundt hinauf gefuert.

Endets ꝛc.

10.

Matheis Müller, M. L. 50. Jahr alt.

Ad 1. 2. 3. 4. 5. 6. 7. 8. 9. 11. 13. nescit, außer daß vor ungefehr 30. Jahr daß Closter, in der Kastenaw mit Windtspihlen nur Hasen gejagt.

Ad 10. Den Aß habe mann im Closter der Jägerey gegeben, bis in das Kriegsweesen, da es ufgehört, zuvor seye aber selbig allzeit gegeben worden.

Ad 12. Wiße wohl, daß große Hundt im Closter gewesen, so mann zue jeweiligen Jagen gebraucht vndt geholt, wem aber selbige zueständig gewesen wiße Er nit.

Ad 14. Seines Watters Bastians Bruder Georg Müller sey bey diesen im Closter gehaltenen Gutschen Pferden Gutscher gewesen, vndt habe Er wohlen es gdigste Herrschafft begehrt, mit der Gutschen allzeit fahren müßen.

Dimissus &c.

11.

Michel Schuppert, Marggräfl. Leibeigener 60. Jahr alt.

Ad 1. 2. 3. 4. 5. 9. 11. 13. nescit.

Ad 6. & 8. mit Windtspiel seye gejagt worden, für ein Kurtzweil umbs Dorf herumb, Sie haben auch etwann Hüner gefangen.

Ad

Beylage CXXXIII.

Ad 7. Haben nur Wolffgarn im Closter, vndt sonsten kheine gehabt.

Ad 10. Ja! absonderlich denckhe es Ihme vnder Abbt Christophen.

Ad 12. Im Closter seyen allzeit so viel ihm gedenckhe, vor diesem grose Englische Hundt gewesen, welche mann zue jeweiligen Jag. hien vndt wied. gebraucht vnd gehohlt, auch wieder hinauf gefürt.

Ad 14. im Closter seyen 4. Pferdt vnd der Durlacher Regierung, vnndt vnseren Herrn zue Herrschafftlichen Diensten gehalten worden. Dimissus &c.

12.

Jacob Ziegel von Söllingen M. L. ettlich 60. Jahr alt.

Ad 1. 2. 3. 4. 5. 7. 8. 9. 10. 11. 12. 13. 14. nescit.

Ad 6. wiße wohl daß er im Kriegswesen, zuvor aber nie kheinen Jeger absonderlich gehalten. Er hab es auch nit sonderlich geachtet.

Entlassen wie andere ꝛc.

13.

Claus Bechter alda M. L. 50. Jahr alt.

Ad 1. 2. 3. 4. 5. nescit.

Ad 6. Von beständigen Jägeren so mann vor diesem im Closter gehalten, wiße er nichtß, außer daß das Closter selbige erst bey 20. Jahr angenommen.

Ad 7. 8. 9. 11. 12. 13. 14. nescit.

Ad 10. Seye ihme wohl bewußt das man vor diesem allzeit der Jägerey vndt Hunden den Aß vnndt die notthurfft gegeben.

Dimissus &c.

14.

Hanns Raißer von Sellingen M. L. 71. Jahr.

Ad 1. 2. 3. 4. 5. 7. 8. 11. 13. nescit.

Ad 6. Vnder Hauptmann Eder seye der erste aigene Jäger abgenommen worden, die vorherige Schützen aber nur Burger gewesen, habe auch allzeit gehört, das selbige khein Hochwildt schlißen dörfen.

Ad 9. Wie er gehört und so viel Er wiße, gehe er bis ahn die Kastenaw.

Ad 10. Seye wahr, daß das Closter den Aß der Jägerey gegeben.

Ad 12. & 14. Haben müßen grose Englische Hundt: vndt zue der Herrschafft Diensten vor diesem Pferd halten.

Endets damit ꝛc.

15.

Georg Jeßler ettliche 60. Jahr alt von Selling.

Ad 1. 2. 3. 4. 5. 7. 8. 9. 10. 11. 12. 13. 14. weiß nichts.

Ad 6. erst bey etlich Jahren hero habe das Closter eigene Jäger abgenommen. Endets ꝛc.

16.
Jacob Müller alda ober 60. Jahr.

Ad 1. 2. 3. 4. 5. 9. nescit.

Ad 6. Die vorige Schützen seyen nur Bawren gewesen, welche geschoßen, waß sie ahngetroffen.

Ad 7. Haben nur Wolfgarn gehabt.

Ad 8. Habe keinen Geistlichen nie sehen jagen.

Ad 10. Ja wiße wohl vom A; das das Closter selbigen verschafft off die Jegerey.

Ad 11. 12. 13. 14. walß nit habß nit sonderlich geachtet, wiße aber wohl, daß sein Bruder daselbsten Gutscher gewesen.

    Endets ꝛc.

17.
Thomas Saller von Söllingen 60. Jahr alt.

Ad 1. 2. 3. 4. 5. 7. 8. 9. 11. 13. & 14. walß nichts.

Ad 6. erst bei einer zeithero habe das Closter aigene Jäger gehalten vorhien aber wiße er nicht.

Ad 10. Gestehet, daß Sie under Durlach vndt meinem gdisten Herren den A; off die Jagerey gegeben.

Ad 12. Mann habe grose Hundt von vndt ab dem Jagen gefürt.

    Erlaßen ꝛc.

18.
Thomas Leppert alda, 60. Jahr alt.

Ad 1. 2. 3. 4. 5. 7. 8. 9. 11. 13. & 14. nescit.

Ad 6. Reuter Geörg von Greffern habe dem Closter den Forst versehen.

Ad 10. Denckhe Ihme gar wohl, das die Jägerey im Closter vnderhalten worden, vndt werden müßen.

Ad 12. Grose Hunde, so im Closter gehalten worden, habe mann mithin zue vorgehabten Herrschafftlichen Jagen off vndt abgefürt, ob aber selbige gnistr Herrschafft, oder dem Prälaten gehörig gewesen, wiße er nit, vnndt ist damit wie andere nechst auferlegtem Stillschweigen erlaßen worden.

Ob man nun zwarn den Zollschreiber zu Hügelsheim Johann Carl Campanußen auch Forstknecht von Kastatt Gall Keppgen sambt den Leiberstungs Vndertthanen alße zu Stolhoven darüber auch verhört hätte; Alldieweilen Sie aber die Citationes nit erhalten, hat man den Mittag Imbis zue besagten Stolhouen eingenommen vnd sich zue Schwarzach vnd 2. Uhren eingefunden, Allwo Herr Hofrath Hinderer Ihrer Gn. dem Herrn Praelaten verderist den gndisten Grus von Ihrer Durchl. vnserm gdisten Herrn abgelegt, vnd dabey berichtet, waßgestalten aus Höchstgedacht Ihrer Durchl. gdisten Beuelch dieselbe sich hiehero auch begeben, vmb wie bereits zue Stolhouen ein vndt andere mehrere mündliche Information des Jagens halben vndt sonsten einzuziehen, dahero wolten sie auch jenige

Beylage CXXXIII.

jenige Documenta, so bey der 1670. zue Baden vorgewesten Conferenz producirt worden, oder andere Originalia, of welche man sich an Seiten des Gotteshaußes beziehe, vor Augen sehen, vnd nit zweifflen, es werden die in vberschickhter Lista begriffene Persohnen of morgenden Mittwoch früher Tagszeit bescheiden worden seyn, vnndt vor ihnen erscheinen, vmb vor mir die gründliche Wahrheit aidtlich ahnzuzeigen, welches dann zue kheinem anderen endt ahngesehen, alß allein damit Ihre Durchl. in der sach desto gründlicher informirt werden möchten worab sich der Herr Prälat nit werde difficultiren rc.

Darauf der Herr Prälat beiwesendt P. Großkellers vnnd Schaffners, welche zwar gleich von Ahnfang nit bey dieser Proposition gewesen gegen Ihre Durchl. sich des gndisten Grueßes demüthigst bedanckht vndt erwehnet, Er habe ja bei neuerlicher Conferenz seine Gerechtsame, mittelst vorgewiesener Documenten der gebuer hoffentlich genugsamb erwiesen, vnndt originaliter vorgelegt;

Nach diesem hat man die von Schwarzach nacher Baden geschickte Schrifft, deren Eingang Conferenz vber des Closters Schwarzach, Wildtbänne Hagen vndt Jagens Gerechtigkeit, gehalten zue Baden den 19. Decembr. 1670. so bei den Actis die Schwarzachische Jagd betreffend befindlich vorhandt genommen, vndt gegen denen darinnen allegirten Originalliis gehalten, die dann einander zwar, wie dabey jedes Orths marquiret, conform. Ich habe aber dabey notiret, vndt befunden, das diese Saal-Bücher alt genung aber nit in einem Jahr offgerichtet worden, wie dann das *Datum* vnndt Jahrzahl darinnen nit allein nit zu finden, vnndt seindt in einem jeden Saal-Buch deren 2. mit *Lit. A* vndt *D*. allegiret vndt vorgelegt worden wohl 100. erley schrifften, auch in Document 3. 4. mahl in ein Buch eingetragen, Warab nit vnbillich zu vermuthen, es habe ein jeder Prälat, Großkeller, Schaffner oder wer darzu khommen allzeit etwas eingeflickht Wie dann die Speyerische Lehen-Brieff der Jagbarkeit im wenigsten nit gedenckhen Wamit also der Nachmittag beschlossen vnndt Sie die Herren Abgeordnete zuem Nacht-Imbiß erbetten worden.

Mittwochs den 17. April 1672.

Khame der Herr Prälat neben P. Groß-Keller vndt Schaffnern zue denen Fürstl. Herrn Abgesandten in Dero Gemach, vnndt begehrten weilen nunmehro die benambste Persohnen sich eingefunden, es wollten die Herren Abgeordnete sie bey solcher Examination auch sitzen laßen, denen hierwider geantwortet worden, es hätte ia der Herr Prälat alldieselbe bereits ohne Beisein Jemandens von gnädigster Herrschafft vernommen, dahero wolle man sie auch alleinig ohne sein Prelatens oder der Seinigen ahnwesen vndt zwar aidtlich verhören.

Der Prälat andete hiengegen ahn seiten Ihrer Durchl. wehren Ihrer 3. neben mir dem Notario, welche ia mehr Ihrer Durchl. als Ihme beistehen werden, es möchte vber diese Examination etwann zue seinem Praejudiz ein Instrument offgerichtet werden wollen, vndt daßelbe Ihme vndt seinem Gotteshauß besorglich, so er doch nit hoffen wolle zue einig schädtlicher Consequenz vnndt Praejudicio gereichen, so er vmb so mehr förchte. Alldieweilen nun eine zeithero fast in allen deßelben Rechten vndt Gerechtigkeiten allewell eingriff gethan werden wollen, so Ihme aber von Herrn Hinderer vnd Herrn Dtor Blslenfelden wiederlegt worden, gestalt der Herr Prälat werde bekhennen müßen, das Ihre Durchl. das Gottes-Hauß biß anhero in allen bestmöglichst manutenirt, wie sie dann auch des Closters mit dem Jagen schuldigen Aß, Haltung

Beylage CXXXIII.

der Pferde vnndt Hunden, in gnädigster Erwegung, das das Gotteshauß durch die vergangene Krieg seer ruiniret worden, auß Gnaden biß anhero verschonet. ꝛc.

Darüber der Prälat vermeldet, daß solches gar nicht auß Gnaden geschehe, Es habe die Durlachische Herrschafft, wie auch Marggrav. Philips das Closter in allem sehr vnderdruckht; vndt Ihnen alle Rechte zue benehmmen vermeint, auch Ihnen diese vnndt dergleichen Onera mit Gewalt uffgetragen so sie nit schuldig wehren, wollen einmahl hoffen, man werde sie zue solcher Außag vndt Verhör beylaßen.

Die Fürstlich Badische Herren Abgeordnete replicirten darauf, das diese Inquisition vndt Information zue kheinem praejudicirlichen Vorhaben abngesehen, sondern haben es Ihre Durchl. also gnädigst befohlen, Dero solches allein zue Ihrer Nachricht oberschickt werde.

So werde sich auch schon finden, ob Ihre Durchl. ratione des Jagens, der Atz vndt sonst wohl fundiret seyen. Ihre Durchl. seyen ein Herr von solcher Conscienz vndt Frombkheit, das sie keinem Menschen: zue geschweigen einem Gotteshauß etwas in einerley weiß entzieben wollen. Dahero vndt wann der Herr Prälat Je gegen Verhoffen die Leuth nit stellen solte, würde man sie ehender ahn ein ander Orth beschelden vndt daselbst vornemmen müeßen.

Der Herr Prälat hat zwar vmb etwas wollen sagen, alß wann er sie nit schuldig wehre zu sistiren, wann er nit beywohnen dörffte, deme aber ist damit gleich begegnet worden, daß Ser:mo alß der Landsfürstl. Hohen Obrigkeit die Vnderthanen mit Pflichten vnd Aiden zugethan vnndt verbunden vnndt dahero sie schuldig seyen sich wohin man wolle zu stellen; Gleich wohlen möge man endlich wohl leiden, weilen der Schaffner sowohlen Ihrer Durchl. alß dem Gotteshauß verpflichtet, das derselbe wann nit nur die Schwarzacher, sondern auch so gar die Leibeiszünger mit denen das Closter gleich wohl nichts zu thun habe vorgenommen vnndt verhört werden, zugezogen werde, vnd der Examination beywohne, da er dann hören werde, das mann nur allein in der Sach uf beßern Grund zukhommen verlange. Womit dann endlich der Herr Prälat vndt P. Großkeller zu frieden gewesen, vndt hat mann sich also auf das Rath-Hauß alß in locum tertium begeben, vorderist aber bin Ich auch ad hunc Actum in specie meiner tragenden Pflichten erlaßen worden.

Inmittelst khame der Zollschreiber von Hügelsheim Johann Carl Campanus zue Schwarzach ahn, welcher ebenmäßig von denen Herrn Abgeordneten seines Aides hierzue erlaßen vndt seiner Pflicht erinnert worden, der sagt aus wie volgt:

19.

Herr Johann Carl Campanus Zoll- auch respective Statt- vndt Ambtschreiber zue Hügelsheim vndt Stollhoven, seines Alters 59. Jahr.

Ad 1. 2. 3. 4. 5. Daß Serenissimus oder die Durlacher Herrschafft selbst vor diesem gejagt, wisse er sich nicht zue erinnern, wohl aber, daß Jr. Robe gewester Obervogt zue Stolhoven nach der Wimpfhelmer Schlacht, In der Kastenaw mit Garnleln offters, wann vnndt wie offt er gewolt gejagt. Er selbsten seye auch mit Ihme Jr. Roben offt hinauß gangen Item Jr. Datt gewester Obervogt habe gleichmäßig offt daselbsten gejagt, der Ihne dahien mit genommen, Er Datt habe Ihne auch offt haißen hienauß gehen, seye öffters

ohne

Beylage CXXXIII.

ohne Jr. Datten hinauß in die Kastenaw gangen zu jagen, vberal oberhalb Stolhoven, dann vnderhalb Stolhoven habe es Jhnen der Jägermeister seiths nit zuegelaßen.

Ad 6. waist er von kheinem andern Jäger, alß dem Reuter Geörgen.

Ad 7. Waist auch sich kheines andern: als eines Wolffgarns zu erinnern.

Ad 8. 9. 11. 13. 14. nescit.

Ad 10. Denckhe wohl, daß die Jägerey, welche offt im Closter gelegen nit auß Jhrem seckhel werde gezehret haben, sie seyen offt zu ihnen nach Stolhoven khommen, da sie miteinander vmb 1 Maas Wein geschoßen vndt wiße er sich zue erinnern, das der Jr. Jägermeister seyn: Item Hannß Caspar Dhringer, Hannß Peter Graveneckh, Willibald Strobel vnnd Matthes Rapp geweste Ober-Jäger: Item: Gall Kholmann der Forstknecht von Cuppenheimb, Casimir Reinli der Jeger von Rothenfels vndt Carl Kopp der Jäger von Rastatt mit der Jägerey zue Schwarzach gelegen.

Ad 12. Wiße auch wohl, daß das Closter 2. große Hundt gehalten, deren einer Jockhel geheißen.

Sagt dabey, wann der Herr Prelat sowohl fundirt geweßt wehre, solte er sich gleich, nachdeme die Durlachische Herrschafft hinweg khommen, bey Jhrer Durchl. Vnserm gdisten Fürsten vnd Herrn beclaght vndt khein weiteres Jagen gestattet, sondern darwider sich gesetzet haben. Es seien auch Jhre Durchl. vnser gndister Herr selbsten schier darahn Vrsach, das Sie so guet seindt, vndt dem Gotteshauß in einem vndt anderem bißhero zue gesehen.

Endets damit rc.

Hierauf ist der Schafner von Schwarzach: vndt dann sowohlen Carl Kopp der Älteste vnder Jhrer Durchl. gdisten Fürsten vndt Herren Forst-Knechten: alß auch einige Leibersttunger vndt die vnderm Abbtstab Schwarzach geseßene begehrte älteste Persohnen vorgeforderet Jhrer Pflichten vndt Alden, sowohl von gndister Herrschafft alß durch Jhren Schaffnern des Herrn Prälaten weegen gänzlich hierzue entlaßen, denenselben der Mainaid allerernstlichst eingebunden vndt nach geleisteter Handtrew das Juramentum vorgehalten, Jhnen auch schärfist zuegesprochen worden, das Sie kheinem Theil weeder zue Lieb noch zue Laidt, die pur lauter Wahrheit, wie Sie es vor Gott dem Allmechtigen zue verantworten getraweten, aufrecht, frey, vnndt ohne Arglist anzeigen sollen, welches sie auch praestiret vndt zue thun versprochen, darauf die andere alle abgetretten vndt mit fernerer Examination ober eingangs gesetzte Interrogatoria fortgefahren worden, deren Außag hernach volget.

20.

Carl Kopp Forstknecht von Rastatt von vngefehr 64. Jahr.

Ad 1. Vngefehr 3. Jahr darnach, alß Jhre Durchl. wieder in die Regierung khommen vor dem Schwedischen Krieg seye er selbsten mit vndt dabey auch dazumahl Niedenknecht gewesen. das Ser^{mus} im Abbts-Muer jagen laßen vndt viel sawe gefangen. Item Wilhelm Demuth seel. der geweste Windhezer vndt der Laur habe offt bis nacher Lichtenaw gehezt vndt gejagt, Hüner vndt Hasen gefangen. Zwahr uff die Grefferer Köpff seyen sie wegen des Ohnmueßes vnd Geschloppß nie khommen Aber uff den Grefferer Köpffen haben sie vor vndt nach dem Schwed. Kriegsweesen vielmahl getrieben.

Dd 2 Ad

Beylage CXXXIII.

Ad 2. & 3. Von der Durlacher Regierung oder Herrn Marggraf Eduarden wiße vnd khonne er nichts sagen, weilen Er nicht im Lande zue Hauß seye.

Ad 4. Wann mann Im Seüinger Waldt vnndt wo mann gejagt haben die Abbtische sowohl als Marggräbl. Leibaigene müßen helfen jagen.

Ad 5. 8. 13. nescit.

Ad 6. es seye noch nit lang, das das Closter einen aigenen Jäger ahngenommen den er gekhennt, so den Bahnwaldt versehen, habe Reüter Görg geheißen, vndt nur ein khlein Hirsch Fängerlein aber nie khein Rohr tragen dörfen, auch gar nit Im Abbt Staab schließen dörfen, solte er etwaß von großem Wüldtbrett geschoßen haben, müeste es heimblich geschehen seyn.

Ad 7. Ettliche Hasen-Garn haben sie gehabt so sie Ihrer Durchl. gegeben.

Ad 9. Sagt er der Seüinger Forst gehe biß ahn dz schwarze Waßer und den Großweiherer Forst hinauf biß ahn Lichtenau ꝛc. ꝛc.

Darauf Ihme dieser passus auß der alten Gräntz-Bereithung de anno 1622. vorgelesen worden, welcher sagte, daß sich der Seüinger Forst erstrekhe, wie es in solcher Grentz-Bereithung begriffen.

Ad 10. Ja der Jr. Jägermeister habe sein Logement ober dem Thor die Jägerey aber ein Stuckh vnden am Schneckhen inngehabt. Wann sie aber zue Söllingen gejagt, vndt nit hienauf In das Closter khommen, habe man Ihnen von dorth auß die notturfft in einem vnd anderem guetwillig nachgeschickht, vndt zuegeführt.

Ad 11. Weilen seine Eltern vnndt Er nit im Lande zu Hauß, habe Er von ihnen nichtzit hören khönnen.

Ad 12. Der Prälat habe vorhien allezeit 2. Englische Hundt halten müeßen. Weil aber nach dem Krieg das Gottes-Hauß verderbt gewesen, haben Ihro Durchl. gndist befohlen, dem Gottshauß biß es sich wieder erholt haben werde, zu verschonen.

Ad 14. Wiße er gar wohl, daß man zue gndistr. Herrschafft Diensten 4. Pferdt im Closter gehalten, welche sie wann mann solche zue Herrschafftl. Diensten gebraucht hergeben müeßen Ist damit nach aufferlegtem Stillschweigen erlaßen worden.

21.

Simon Sichhinger Schultheiß zue Leiberstung von vngefehr 70. Jahren

Ad 1. 2. 3. 4 5. sagt Er anno 1626. seye er erst ins Landt khommen, habe zwar gehört, das Vnser gdigster Fürst vndt Herr Ein Jahr zuuor im Muer gejagt, vndt 12. saw gefangen, maßen Ihme auch der Orth gewiesen worden, ob aber solches öffter vndt zuvohr vnder Durlach geschehen wiße Er nit, weil er dazue mahlen zu Doß gedienet.

Ad 6. Reüter Görg vndt der Bechtel, welche im Schwarzachischen, was ihnen ahne gestanden geschoßen, seyen Jäger im Closter gewesen, sodann der Salter Matheis, zue Oberbruch.

Ad 7. 8. 9. 10. 11. vndt 13. nescit.

Ad 12. Habe immerdar hören sagen, das sie grose Hunde halten müßen.

Ad

Ad 14. Habe wohl vor dem Schwedischen Krieg den Gutscher Jergen gekannt, wiße aber nit, ob das Closter habe müeßen die Pferde vff gnädigste Herrschafft halten. Dimissus &c.

22.
Wendel Frietsch alda 80. Jahr.

Ad 1. 2. 3. 4. 5. Er wiße nur von 1. mal, das der jetzige Fürst vor vngefehr 40. Jahren im Abbts-Muer 12. oder 14. wilde säw so frischling gewesen, gefangen.

Ad 6. 7. 8. 9. 10. 11. 12. 13. & 14, waiß er nit, weil er meistentheils in der Frembde gewesen.

23.
Hanns Bernhard alda 60. Jahr.

Ad 1. 2. 3. 4. 5. vor ohngefehr 40. Jahren, alß Ihre Durchl. vnser gnedr Fürst vnnd Herr im Abbts-Muer gejagt, habe er die darinnen gefangene 12. Säw selbsten ins Closter gefüert, allwo Sie die Jäger vffgebrochen.

Ad 6. Deß Reuter Jergen vndt Michel Bechten von Ulm erinnere er sich, wiße aber nit, ob Bechtel ins Muer gangen.

Ad 7. 8. 9. 10. 11. 12. 13. nescit.

Ad 14. Habe gehört, daß das Closter der gnädisten Herrschafft müste Reuter halten, sonsten wiße er nichts.

Endets ꝛc. ꝛc.

24.
Hanns Frietsch alda von 70. Jahren.

Ad 1, 2. 3. 4. 5. 6. 7. 8. 9. 10. 11. 12. 13. 14. wiße fast nit, was vor 8. Tagen geschehen, erinnere sich nur vom Hören sagen: seine Khinder seyen zwar bey Jagen gewesen, wiße aber nit, wer gejagt, habe auch nit nachgedacht, dann er mit der Brunst viel ausgestanden.

Erlaßen ut alii.

25.
Jacob Schue alda 54. Jahr.

Ad 1. 2. 3. 4. 5. wiße sich gar wohl zue erinnern, das vor vngefehr 40. oder 44. Jahren im Muer gejagt, vndt viel säw gefangen worden, so er selbsten gesehen, seye damahlen noch ein Bueb gewesen, von vbrigen Puncten wiße er nichts, dahero er entlassen worden, wie andere ꝛc.

26.
Mattheiß Friedmann alda 60. Jahr.

Ad 1. 2. 3. 4. 5. Er wiße wohl nur 1. mahl, daß Ihre Durchl. vor vngefehr 40. oder mehr Jahren im Abbts-Muer gejagt vndt viel säw gefangen worden.

Ad 6. Der Prälat habe allzeit einen Jäger gehalten, den Er gefürchtet. Im vbrigen waiß Er nichts.

Adeoque dimissus ut alii.

27.
Hanns Rüestmann von Moos 54. Jahr alt.

Ad 1. 2. 3. 4. 5. wie nechst obenstehender Fridmann.

Ad 6. seye 24. Jahr zu Moos vnndt zuvor wiße Er, daß das Gotteshauß einen Jäger gehabt, welcher Jäger Hannß geheißen, vndt zuvor vnder Hauptmann Edern Leibschütz gewesen.

Ad 7. 8. 9. 10. 11. 12. 13. nescit.

Ad 14. Von seinen Eltern habe Er gehöret, das mann 4. Pferdt zue Herrschafftlichen Diensten halten müeßen. Vnder welcher Herrschafft es nun gewesen, wiße Er nicht, vndt ist wie andere mit auferlegtem Stillschweigen erlaßen worden.

28.
Claus Wunderlich alda 68. Jahr.

Ad 1. 2. 3. 4. 5. Er habe einmahl im Muer helfen jagen, vnder welcher Herrschafft aber solches geschehen, vndt ob sie was gefangen, erinnere er sich nicht mehr, der Wolffspührer seye auch darbey gewesen.

Ad 6. 8. 9. 11. 13. 14. nescit.

Ad 7. Habe vor diesem nur Bawren gehalten, wiße aber nit, waß sie geschoßen. Hundt habe der Herr Prälat auch gehalten.

Ad 10. wiße wohl, daß die Hundt im Rindthoff gelegen, habe sie vielmahl von vndt zuem Jagen vf vndt abführen müeßen.

Ad 12. Im Closter habe mann große Englische Hunde gehalten, welche mithien zuem Jagen vf vnndt abgeführt worden.

Waißt sonst nichts, Id circo injuncto silentio dimissus.

29.
Mattheiß Sailer der Alt von Moos 68. Jahr.

Ad 1. 2. 3. 4. 5. Im Muer habe Er helfen jagen wie die Herrschafft gejagt.

Ad 6. 8. 9. 11. 12. 13. 14. nescit.

Ad 7. Wolfsgarn habe man gehabt.

Ad 10. gedenckh Ihme wohl, das die Jägerey im Closter gelegen, wann aber vndt wie lang wiße Er nit.

Ist dahero wie andere mit auferlegtem Stillschweigen erlaßen worden.

30.
Jacob Burckhard von Oberbruch der alte 80. Jahr alt.

Ad 1. 2. 3. 4. 5. Vnder Ihrer Durchl. Vnserem jetzigen gndigsten Fürsten vnd Herrn seye im Muehr einmahl ein Schweinhag gemacht: selbiger aber nit gebraucht worden. Warumben wiße er nit, Von seinen Eltern habe Er nichts vernemmen khönnen, weilen er gar jung gewesen, wie sie gestorben.

Ad

Ad 6. 7. 9. 10. 11. 13. 14. nescit.

Ad 8. Prelat Simon habe im Muer, Wölff, Rehe vndt Hasen mit Garnen fangen laßen, wiße aber nit, daß Er von Groß Wildtbrett darinnen habe fangen laßen, Es seye einmahl auß dem Jagen zue Sellingen ein großer Hirsch entkhommen in das Muer, welchen hernach der Closter-Jäger auß Geheiß Abbtß Christophs geschoßen vndt ins Closter geliffert, Was aber Jr. Jägermeister darzue gesagt? wiße Er nit.

Ad 12. Viel Hunde habe die Herrschafft bißweilen im Closter gehabt, wiße aber nichts von großen Englischen Hunden.

Dimissus &c.

31.
Sigmundt Regenoldt von Hildmannßfelden, vber 60. Jahr.

Ad 1. 2. 3. 4. 5. 7. 8. 9. 10. 11. 13. 14. Wiße Er nit, weil Er ein Bueb gewesen, vndt nit hie daheimb.

Ad 6. so lang es ihme sonsten gedenckhe, habe das Closter schießen laßen, was sie bekhommen können.

Ad 12. Habe man 2. große Englische Hundt gehalten, so nacher Baden gehört, daß 2. einen Mann forthgeketscht. Endets ɾc. ɾc.

32.
Georg Hueber von Schwarzach 60. Jahr.

Ad 1. 2. 3. 4. 5. 8. 9. 11. 12. 13. nescit.

Ad 6. Relter Geörgen vndt Hannß Petern habe Er gekhennet.

Ad 7. Von kheinen andern, als Wolff-Garnen wiße er nichts.

Ad 10. Die Hundt seyen im Rindtshoff gelegen, denckh Ihme sonsten nit sonderlich, weil er jung gewesen.

Ad 14. Abbt Christoph vndt Georg habe 4. Pferdt gehalten, wiße aber nit wem? Abbt Jacob habe damit nachgelaßen.

33.
Alt Hanns Wendling von Greffern 70. Jahr.

Ad 1. 2. 3. 4. 5. Einmahl haben Ihre Durchl. inß Abbts Muer Schwein gefangen, dabey er selbst gewesen, dazumahlen seyen etliche Schweine gefangen, Ins Closter vnd wieder herauß geführt auch die Vnderthanen mit Occasion des Wolff-Jagens permiscue zuem Jagen gezogen worden.

Ad 6. Denckhe Ihme nur der Reuter Georg, habe nit darauf Achtung gegeben.

Ad 7. 9. 10. 11. 12. 13. 14. nescit.

Ad 8. Abbt Georg habe Im Grefferer Wörth gejagt, allemahl 1. Saw, Reeh oder dergleichen gefangen.

34.

Martin Hörmann von Schwarzach ober 70. Jahr.

Ad 1. 2. 3. 4. 5. 8. 9. 11. 12. 13. denckhe ihme nit, das man mit dem Jagen ober die Stolhouer Köpf herauf khommen, sondern seyen allzeit darunden geblieben caetera nescit.

Ad 6. Habe das Closter vnder Abbt Geörgen vndt so lang es ihme gedenckhe, seine aigene Schützen gehabt.

Ad 7. 12. Wolfgarn seyen zu Schwarzach gewesen vndt sonsten theine, so der Marggraff von Durlach hinweg geführt.

Ad 14. Wiße nit, ob mann Ihrer Durchl. dem jetzigen Herrn die Pferdt habe halten müßen, weill Er es nit geachtet.

Vnder der Durlachischen Herrschafft wiße er wohl, das sie 4. Pferdt für dieselbe gehalten. Endets ꝛc.

35.

Georg Harsch alda ober 60. Jahr alt.

Ad 1. 2. 3. 4. 5. 7. 8. 9. 10. 11. 12. 13. nescit.

Ad 6. So lang es Ihme gedenckhe, habe das Closter Jeger gehabt, khöne ledige vndt Burger nennen, vermaine sie haben geschoßen, was Sie abgetroffen, seye zwar nie dazu khommen vndt wiße auch nit, ob vnndt was die Prälaten geschoßen, wohl aber seye ihme bewußt, das Sie Winde-Spiel gehalten vnd damit gehetzt.

Ad 10. Wiße vom Atz nichts sonderliches zu reden, wohl aber, daß man die Hundt von vndt nacher Schwarzach im Jagen geführt.

Ad 14. Waiß nichts, als was vnder Durlach geschehen.

36.

Niclauß Schell alda ober 60. Jahr.

Ad 1. 2. 3. 4. 5. 8. 9. 11. 12. 13. 14. Denckhe ihme nit das die Herrschafft, oder der Prälat gejagt.

Ad 6. Jäger habe das Closter gehalten, welche nur Hasen vndt khein Hochwildt geschoßen, zudeme seye auch kheins dagewesen.

Ad 7. Nein.

Ad 10. Jägerey seye alß nur etliche Tag im Closter gewesen, vndt da wieder fortgangen. Sonsten gedenckhe Ihme weiters nichts.

ut alii cum silentio injuncto Dimissus.

37.

Hanns Burchhard der Alt von Hildtmannsfelden 60. Jahr.

Ad 1. 2. 3. 4. 5. Er seye selbsten mit vndt dabey gewesen, wie Ihro Durchl. der jetzige Herr im Abbtß Ruer jagen laßen, daselbsten seyen 17. Schwein gefangen worden, habe hören sagen, das dem Gottshauß 6. dauon gelaßen: Vndt die vbrige wieder fortgeführet worden, caetera nescit.

Ad

Ad 6. Er erinnere sich wohl eines Jägers, so im Closter abgenommen vnbt besoldet worden, waß er aber geschoßen oder schießen dörfen, seye ihme nit bewußt, außer daß in der Reebmuerst ein Reh geschoßen worden, welches er in das Closter selbsten getragen.

Ad 7. Zue Schwarzach seien allein Wolfsgarn gewesen.

Ad 8. Ob der Prälat gejagt wiße er auch nicht.

Ad 9. 11. 12. 13. 14. nescit.

Ad 10. Wiße wohl, wie man im Muer gesagt, das mann dazumahl der Jägerey die Nothdurfft verschafft. So offt auch im Sellinger Bann gejagt worden, habe mann die Jägerey entweder im Closter gespeißt, oder Ihnen die Nothdurfft uff Sellingen hinab geführet rc.

38.
Jacob Bertsch von Schwarzach, 62. Jahr.

Ad 1. 2. 3. 4. 5. 8. wiße nit, das Serenissimus noch der Prelat gejagt, sein Vatter seye auch im Land nit zue Hauß.

Ad 6. 7. 9. 11. 12. 13. 14. nescit, weil Er wie gesagt nit im Lande daheimb.

Ad 10. Vnder der Durlacher Herrschafft wiße er wohl vom Atz, seithero aber wiße er nit.

Endets rc.

39.
Alt Michael Hueber von Schwarzach ober 60. Jahr.

Ad 1. 2. 3. 4. 5. Von Baden vnd dem Closter, das Sie gejagt, wiße Er nichts als vom Wolfs-Jagen zu sagen.

Ad 6. Das Closter habe alzeit Jäger oder Schützen gehalten, wiße wohl, daß sie Hasen, Reh, Füx geschoßen, von Hochwildt aber wiße Er nichts. Es gebe auch gar wenig Hochwildt.

Ad 7. Wolfsgarn seyen vorhanden gewesen, so die Burger machen laßen.

Ad 8. 9. 11. 12. 13. ignorat.

Ad 10. so lang es Ihnen gedenckhe, wiße Er sich des Atzes zu erinnern, aber nit vnder welcher Herrschafft, ob es auch vor der Durlachischen Regierung geschehen.

Ad 14. Wie Ihre Durchl. der jetzige Lands-Fürst seine Heimbführung gehalten, habe Er vnnd der Schwarzacher Hannß Reinseln genannt mit 4. Pferdten nacher Baden, Hechingen vndt Heiligenberg fahren müßen, seyen 5½ Wochen außarblieben, Die Gutsch aber Ihnen zue Baden gegeben worden, Sie haben mit ihrem Zug das Frauenzimmer geführt, zue denen der von Kagenecek gewester Stallmeister mit hineingeseßen.

Der Schwarzacher seye darnach in Badischen Diensten geblieben, allwo er noch seye.

Endets damit rc.

40.

Ahnstatt Abüefer von Greffern Abbtl. Leibaigen vber 60. Jahr.

Ad 1. 2. 3. 4. 5. Er selbsten seye bey einem Jagen in der langen Sprickh gewesen, der Prälat habe Ihnen darzue bieten laßen, wiße nicht, ob es Blittweiß oder auß Schuldigkheit geschehen, mann habe damahlen nichts gefangen, weil die darinn gewesene Schwein durchgangen, von der Durlachischen Herrschafft wiße er nichts zu sagen.

Ad 6. Ja haben geschoßen, was Ihnen ahngestanden, seye ihnen nit gewöhret worden, Einer habe Hanns Peter geheißen. Der Jeger habe die Hundt mitgenommen, vnndt mit den Geistlichen Jemahl, vnd Abbt Geörgen Kurtzweil halben etwa einen Hasen gefangen, so aber nit vielmal geschehen.

Ad 7. seyen kheine andere als Wolff-Garn da gewesen.

Ad 8. 9. 11. 12. 13. nescit.

Ad 10. Des Atzes erinnere er sich wohl, die Hunde habe mann in den Rindtshoff gelegt, vndt zur Jägerey die Nottdurfft verschafft, so lang sie etwann Im Bahn vndt Seülinger Waldt gejagt, welches zwar nit gar lang gewehret.

Ad 14. Denckhe Ihme auch wohl, das Gutschen-Pferdt gehalten worden, ob aber solche zue gnädigster Herrschafft oder des Closters Diensten im Closter gehalten worden, wiße er nit. Dimissus.

41.

Michel Rientz von Greffern 60. jährig.

Ad 1. 2. 3. 4. 5. 8. seye ein Schiffmann vndt nit viel vom Waßer khommen, dahero wiße er nichts, außer daß Abbt Christoph in den Grefferer Wörthen mit Garnen Schwein gejagt, es habe damahl khein Mann schießen khönnen, alß nur allein ein Mann von Scherzach Reinleinß Hannß genannt, welcher ihre Rohr solle gebannet haben, dahero dazumahl mit Garnen die Schwein gefangen worden, es seye dieser Reinleins Hannß hernach zue Lichtenaw hingerichtet worden.

Ad 6. Das Closter habe mithin wie jetzo Schützen gehalten.

Ad 7. 8. 9. 11. 12. 13. 14. waißt er kheinen Bericht zu geben, weil er nicht bey Pferdten gewesen, sondern dem Schiffwerckh allzeit abgewarthet.

Dimissus &c.

42.

Georg Rheinfried von Schwarzach, 63. Jahr.

Ad 1. 2. 3. 4. 5. 7. 8. 9. 11. 12. 13. 14. nescit, weil er baldt hie baldt dort gewesen.

Ad 6. Habe der Prälat 1. Jäger gehalten, welcher Hasen vndt Füß geschoßen, ob er aber Hochwildt schießen dörfen oder nit, wiße er nit, vnd gebe es auch khein Hochwildt.

Ad 10. Daß die Hunde im Rindtshoff gewesen, wiße er wohl, ob aber die Jägerey bleoben gewesen vndt vnderhalten worden, wiße er auch nit.

Ist wie all andere mit aufferlegtem Stillschweigen fortgelaßen worden.

Nach-

Beylage CXXXIII.

Nachdeme nun all vorgeschriebene Deponenten wieder nacher Hauß gelaßen vndt daß sie nunmehr wieder in ihren vorigen Pflichten stehen Ihnen angedütten worden, haben Sie Fürstl. Herren Abgeordnete, auch den Schaffner zue Schwarzach Herrn Johann Jacob Fritzen bey denen Pflichten vndt Aiden, womit der gnädigste Herrschafft derselbe absonderlich zue gethan vndt verbunden seye erinnert, waß er vor Particular-Information auß des Closters Documenten des Jagens vnndt anderer Puncten halben eingenommen oder ihme sonsten wißendt seye, getrewlich abzugeben, der referirt sich darauff, vndt bedewret, daß außer denen gestern Abends fürgelegten Documenten vnd Schrifften Er das geringste weiters gar nichts wiße sondern wa ihme waß bewust wehre, solches also gleich fideliter referiren wolte. Wormit nun dieser Actus informationis sein Ende genommen, wavon der Herr Prälat eine Abschrifft begehrt, so aber ad referendum genommen worden, worauff die Fürstl. Herren Abgeordnete nach eingenommenen Mittag-Imbis off Baden zuruck gefahren.

Actum ut supra bezeügt

Johann Adolph Seebalthover, geschwohrner Kayserl. offenbahrer Notarius.

Beylage CXXXIV.

Extractus

Original-Lehen-Reverses, Georgen Abbtes zu Schwarzach vber die Collatur zu Ottersweyer de dato Carlsburg den 5ten Febr. 1612.

Ich Georg Abbt des Closters Schwarzach bekenne mit diesem Brief, Alß der Durchlauchtig Hochgebohrne Fürst vnd Herr, Herr Georg Friderich Marggraue zu Baden vnd Hochberg, Landgraue zu Sausenberg, Herr zu Rötteln vnd Badenweiler rc. mein genediger Fürst vnd Herr, off mein vnderthenig fleißig Bitt, mir diß nachgeschrieben Lehen genediglich geliehen, Inhalt des Lehen-Briefs von Wort zu Wort also lauttendt:

Wir Georg Friderich von Gottes Gnaden Marggraue zu Baden vnd Hochberg, Landgraue zu Sausenberg, Herr zu Rötteln vnd Badenweiler rc. bekennen hiemit, nachdem off Absterben vnsers gewesenen Cammer-Junckhers vnd Lieben getreuen Killans von Hager, des heiligen Grabs zu Jerusalem Ritters, die Pfarr Otterswept samt Ihren Angehörigen vnd incorporirten Pfründten, nemlichen der Jungfrauwen Marien; Item St. Niclausen, St. Michaelis zu gedachtem Otterswept vnd der Jungfrauen Marien zur Lind. Frühmeß , Item St. Margreten vnd des Heyl. Creutzes Altarer zu Büßel vnd Praesenz, welche samt dem Jure Patronatus Collatur vnd Aigenschafft der Güter auch Gefellen vnd allen andern Ihren Zugehörungen Vnß vnnd Vnierm Fürstenthum der Obern Marggrabschafft Baden aigenthumblich allein zustehen vnd Er von Vnns zu Lehen getragen, apert worden vnd heimbgefallen, daß Wir auf fleißig vnterthänig Bitt des würdigen geistlichen, Vnsers Lieben andächtigen vnd getreuen Georgen Apten Vnsers angehörigen Closters Schwarzach so lang er im Leben vnd des Orts Abt seyn wirdt, angeregte erledigte Pfarr sampt derselben obgemelten Pfründen, Praesenz, Jure Patronatus, Collatur, Gefällen vnd andern Zugehörungen zu geruhetem Ottersweyer vnd wo die auch sonsten gelegen oder fallen, Ihme geliehen haben ꝛc. ꝛc. zu Vrkhundt haben Wir Vnser Insigel benckhen lassen an diesen Brief, der geben ist, in Vnnserm Schloß Carlsburg den funfften Monats-Tag Februarii, nach der Gnadenreichen Geburtt Christi Vnsers Lieben Herrn vnd Seligmachers gezahlt, Ein tausendt Sechshundert vnd zwölff Jahr.

Daß demnach ich obbemelter Georg Apt des Closters Schwartzach vff solches mit Trewen gelobt, vnd einen Abdt Leiblich zu Gott dem Allmächtigen geschworen, alles dasjenig zu thun vnd zu volnziehen, was obinserirter Lehenbrief Inhatt vnd binden thut, ohne geuerde, deß zu Vrkundt hab Ich mein Insigel gehenckt an diesen Revers, der geben ist vff Jahr und Tag wie obgedachter Lehenbrieff außweiset.

(L.S.)

Diese Copey ist dem wahren auff Pergament geschriebenen Original gleichlautend. Basel den 3ten April 1748.

T. Leiblin.

Beylage CXXXV.

Ist eine Chronologische Verzeichniß aller bisherigen, der Baden-Durlachischen Interventions-Schrift vom Jahr 1763 sowohl, als dem Nachtrag vom Jahr 1773. beygefügten Urkunden, welche dahier um so mehr wegbleibt, als solche mit denen neugefundenen Urkunden vermehret, diesem Werck an behörigem Ort beygefügt worden ist.

Beylage CXXXVI.

Auszug Protocolls des Fürstlichen Rent-Cammer-Raths zu Baden.

Was bey Regierung deß Durchleuchtigen Hochgebohrnen Fürsten vnd Herrn Herrn Wilhelmen Marggraven zu Baden vnd Hochberg, Grauen zu Sponheim vnd Eberstein, Herrn zu Lahr vndt Mahlberg, an allerhandt Cammersachen nach vnndt nach einkommen vnd durch die darzue verordneten Cammer-Räthen expediert vnd verricht worden.

Angefangen den 7ten Januar Anno 1623.

1624.

Beylage CXXXVI.

1624.
20. Martii

Closter Lichtenthal. Dem Schaffner ist ernstlicher Beuelch zukommen, eine halb Jahres Rechnung zu Fürstl. Cammer-Canzley alhero Innerhalb zween Tagen zu vberschicken.

Schwarzach. Gleichmeßigen Beuelch hatt auch der Schaffner zu Schwarzach empfangen.

29. Maii.

Schwarzach und Lichtenthal. Ahn den Abbt zu Schwarzach vnnd die Abbtißin zu Lichtenthal ist Beuelch ergangen, daß Sie, weil man Geltts bedürftig, vnnd bey beeden Orthen viel Schatzung noch außständig Selbige Innerthalb vierzehen Tagen ohnfehlbar zur Landschreiberey alhero liesfern zu lassen.

26. Octobr.

Schwarzach. Dieweilen den 31. Octobr. die Landschaffts-Rechnung fohr die Handt genohmen worden: Als ist der Abbt von Schwarzach solcher Verhört beyzuwohnen beschriben worden.

1625.
3. Febr.

Schwarzach. Dem Prälaten zu Schwarzach Beuelch ertheilt, seinen Schaffnern anzuzaigen, daß sie sich mit ihren Rechnungen fertig halten; dan selbige gegen Eingang deß Martii verhördt werden sollen.

20. Febr.

Lieber Getreuer, dieweill der Lichtmeß Termin bereits verfloßen, vnnd Wir berichtet, daß die Beschreibung zu vorhabender Schatzungs-Renovation noch nicht bey allen Aemptern zu ende gebracht, vnnd dahero die Aestimation gehindert worden, vmb deßentwillen selbige jetz so bald nicht verrichtet oder der Einzug darnach beschehen mag; dahero dann dißmahls noch wie zuuor daß einzieben gehallten werden solle. Gestallt wir hiemit die beueblen, du neben dem jetz verfallenen ordinari Termin noch zuglich ein halben Termin (so bey Jüngstgehaltener Zusammenkunfft sampt noch einem halben, erst künfftig hinauß einzuzieben, vnnd zu Ablegung der inn vorbergangenen Durchzügen off Reitterey vnnd Fußvolch angewendten Commiß, durch den Engern Außschuß bewilliget worden, Auch Innsonderheit zu dem ende vnnserm Landschreiber gelliffert seyn muß) verkünden, einzieben, vnnd ahn gehörige Ort vberanttworten sollest. Versehen Wir Vnns.

Baden.	Stolhoven.	**Schwarzach.**
Erlingen.	Bühel.	**Lichtenthal.**
Rastatt.	Croßweyer.	selbiger Schreiben ist etwas kürzern Junhalts, dann wegen der Renovation darinnen nichts.
Steinbach.	Beinheim.	

20. Mart.

Schwarzach.   20. Mart.

Lt. Georg Wolffen und Conrad Walthern Beuelch zukommen lassen, dem gewesenen Schaffner zu Schwarzach Martin Bronbach anzudeuten, daß seine Straßburgische Rechnungen nach Oftern abgehört, vnd waß deßen Cloſter Ihme hernach ſchultig, Ihr Fürſtl Gnaden Reſolution erwarten, Sie aber ſollen ſich nach Verhör deß Prälaten ſelbſt geführten Rechnung, alhero begeben, vnd deß jetzigen Schaffners Johann Haußmanns Rechnungen mitbringen.

Beylage CXXXVII.

Anfrage Abts Chriſtoph zu Schwarzach an Marggrav Friderich zu Baden-Durlach, wie er ſich, nachdeme die Cloſter-Unterthanen gedachtem Marggraven erſt am 15ten May 1622. gehuldiget haben, und dieſe Huldigung nun vom Marggraven Wilhelm angeſonnen werde, zu verhalten habe.

(Jahr 1622)

Durchleuchtiger Hochgebohrner Fürſt, Ewer Fürſtlichen Gnaden ſeyen mein Andechtig Gebett gegen Gott dem Allmächtigen neben Erbietung meiner vnderthenigen Dienſten zue voran.

Gnediger Fürſt und Herr. E. F. G. kan ich in vnderthenigkeit vnverhalten, wie daß meines anbefohlenen Cloſters Underthanen vnd Hinderſäſſen in baiden Gerichts-Stäben Schwarzach vnd Vindbuch deroſelben den 15. May jüngſthin allhie angelobt vnd geſchwohren haben.

Weß nun aber durch Marggraff Wilhelm mir Befelch zukommen, ehiſter Tagen Ihr Fürſtl. Gn. auch zu ſchweren vnd anzugeloben; Alß hab bey E. Frl. Gn. ich vmb Bericht, weß ich mich deßhalben zu verhalten, vnderthenig zu erſuchen, nicht vmbgen wollen, bin beneben E. F. G. Wider Antwurt hierauf vnderthenig mit zeigern gewertig, E. Fl. Gn. dem Allmechtigen Gott und mich zu Gnaden jederzeit vnterthenig empfehlend. Datum Schwarzach den 22. Octobr. Anno 622.

E. Fl. Gn.

unterthenig demüthiger

Chriſtoph Abbt.

Inſcriptio.

Dem Durchleuchtigen Hochgebohrnen Fürſten vnd Herrn, Herrn Friederichen, Marggraven zu Baden vnd Hochberg, Landgrauen zu Sauſenberg, Grauen zu Sponheim vnd Eberſtein, Herrn zu Rötteln, Badenweiler, Lahr vnd Malberg ꝛc. Meinem Gnädigſten Fürſten vnd Herrn.